INTERNATIONAL TREND OF DISASTER RISK REDUCTION AND IT'S BACKBONE KNOWLEDGE

防災の国際潮流とその実務的知識体系

TAKEYA KIMIO

竹谷公男

東北大学出版会
TOHOKU UNIVERSITY PRESS, SENDAI

International Trend of Disaster Risk Reduction and
it's Backbone Knowledge

TAKEYA Kimio
Tohoku University Press,Sendai
ISBN978-4-86163-383-6

まえがき

　2015 年第 3 回国連防災世界会議において国連仙台防災枠組みが策定された。これに先立ち、日本政府交渉団は海千山千、有象無象、魑魅魍魎、建前と本音が錯綜する世界で、日本の防災知見を世界標準とすることを目指した。私はジュネーブの国連欧州本部での 1 年間にわたる全交渉に参加し議論をリードしたが、結果として、日本の知見をほぼ世界標準にすることができた。その後、この稀有な当初想像もしなかったような成功体験を含め、日本の防災の強み、途上国への展開などの実務的知識を本に纏めてはどうか、と多くの方から言われた。私は本や論文を書くのは極めて苦手である。その時間があれば、途上国の防災担当大臣、防災部局らと、防災の政策展開や災害発生時の復興支援の政策誘導の交渉を優先する Practitioner として生きてきたので、これまではお断りしてきた。

　2015 年に合意された国連仙台防災枠組みは、SDGs、気候変動のパリ協定などと同様、2030 年を目標年次にしている。15 年という実施期間はあっという間に過ぎるので、2030 年交渉に向けた準備は 2025 年頃からは始める必要がある。その際、2015 年の国際交渉で得た戦略や戦術をいかに次の世代に引き継いで行くかが重要課題となる。また、次の2030 年に向けた交渉が始まるまでに日本の防災知見をベースに主たる災害脆弱国である発展途上国の防災力向上をはかり、2015 年に比べて世界の防災のレベルを向上させておく必要がある。現在の日本の防災知見・レベルは、江戸時代以前からの伝統的対策や、明治時代のお備い外国人による近代工学の導入、当時の先進西欧諸国の技術を手本にし日本的改善を加えて加速したことに始まり、堅実な官僚制度、国と地方の役割分担や国民の防災意識、防災投資を良しとする民度の高さなどにより、現在に至るまで営々と防災に取り組んだ結果である。残念ながら途上国

のガバナンス、事前防災投資は日本とは雲泥の差がある。このため、日本の防災経験がそのまま途上国に生かせるわけではない。この点を理解せずに日本の経験、知見をナイーブに提示するとミスリードすることが多い。

　国連仙台防災枠組みでターゲットのひとつであった「2020年までに地方防災戦略・計画の策定の数を増やす」もしかりである。日本の防災事業は、国、地方自治体の当たり前の業務として行うため、地方防災計画として記載されている大半は残るところの発災対応、クライシスコントロール、避難所運営などである。例えば洪水対策は国土交通省等が行うので、市町村の地方防災計画でそのような防災対策は殆ど対象外である。国土交通省の治水事業が行われていることを前提に、残りの対応を市町村がすべきこととして記載していることが多い。

　これに対して国連仙台防災枠組みで2020年までのターゲットにした地方防災計画の策定は、途上国にとっては極論すればまず我が町への中央政府の防災投資の誘導政策や陳情書でも良いくらいである。本来は防災投資を確実に行う、人口増加・都市化の進展の前に危険地域への土地利用規制を行い、最小コストで最大の被害削減を諮る政策を立て実行する、防災投資事業が完成するまでの間を含めて被害最小化に向けて何ができるかを検討する、などがコンテンツになるべきである。世界の災害による被害額の大半は途上国で発生している。もちろん先進国での経済被害は途上国より大きい場合も多いが、先進国は自ら対処することができよう。

　これらの背景で、2030年の次の国連防災枠組みの交渉に向けて、2015年交渉で得た教訓や実務的知識を残しておくべきという思いも強くなり、本書として防災の実務知識を書き起こした。但し本書の対象は事前防災対策の進まない発展途上国にほぼ限定し且つ極めて実務的かつ私個人の経験に基づきざっくりと方法論を示すこととした。

　私の職場であった国際協力機構（JICA）は、日本のODAで途上国への防災支援を行う組織である。日本の知見をベースとしながらも、それ

を途上国の現状に応じてテイラーメイドして支援するノウハウを実務知として引き継ぐために、2020 年に JICA 内部で延べ 16 回近く、大学の授業のような形態で「輪講」として講義・勉強会を行った。　本書は、その時の私の講義内容を JICA 有志事務局が口述筆記してくれたものをベースにしている。本書の多くがあくまで私個人の考えに基づくこと、また口語体の表現も随所に残っていることをご容赦されたい。

　本書は、多くの JICA の関係者の協力なしには日の目を見なかった。JICA 内部の勉強会の機運を最初に作って頂いた当時の地球環境部長不破雅雅美氏、私の経験していない国での事例を紹介してくれた稲岡美紀氏、大庭隆氏、この書き起こしをリード頂いた永見光三氏、平野潤一氏、井上啓氏、増田京美氏、渡辺康平氏、小笠治輝氏、佐々木孝雄氏、堀之内琢氏、髙田諭氏、伊藤達二氏、日下浩二氏、藤田大介氏、篠崎由依氏、中村直登氏、中村直登氏、特にいつも無理を聞いてもらった志摩昌子氏らに、ここで深く感謝の意を述べたい。オリジナル原稿は本書のほぼ倍量で、非常に価値はあるが JICA 内部向けの内容も多かったので、取捨選択して本書の内容に絞り込んだ。絞り込み作業でお世話になった今野公美子氏、内容をチェック頂いた東北大学災害科学国際研究所（IRIDeS）の小野裕一先生、坂本壮氏、森口周二先生、そして最初にこの著作を強く勧めてくださった東北大学変動地球共生学卓越大学院プログラム（SyDE）の中村美千彦先生にも、この場を借りて御礼を申し上げる。

　最後に、アカデミアの外で生きてきた人間としてアカデミアに対する警鐘を。

　アカデミアの研究は他とは違うユニークさが尊重されるため、ともすれば重箱の隅をつつくような議論に陥りがちである。もちろん学問的追求においてはそれも必要であろう。しかし防災は"実際に災害被害が減らせてなんぼ"の世界である。災害脆弱国の殆どは経済的に貧しい国である。実践の世界ではユニークさは不要である。むしろ誰もが簡単に経済的に実践し継続できる"Primitive but Practical"な技術と実践術が求

められる。Practical には Sustainable も含まれる。一気に実践現場に変革をもたらすような革新技術は大歓迎であるが、最近よく見られる、"Innovative but Expensive"≒"Not Sustainable" とも思われる独りよがりの先端技術は不要である。

　さらに耳の痛い話をすると、日本は防災先進国と自負しているが、日本の防災関連の実践的研究やイニシアティブを世界が注目しているとは限らない。国連仙台防災枠組みの策定１年後にジュネーブの国連本部で国連が世界防災科学技術会議を開催し、世界から防災研究者を何千人と集めた。その会議の成果文書に引用された日本のアカデミアの研究は原稿段階でゼロであった。理由は簡単、日本国内に防災の対象が余りにも多く、国内に巨大な活動の場があり、海外へ発信する必然性に乏しく、日本語による研究発表で手一杯或いは充分であるからだろう。

　JICA は途上国の防災力向上のため、"蟻とキリギリス"の蟻のように、地べたを這い荷物を運び汗を流して支援する組織である。私のように国連交渉まで出張って活動するのは例外である。しかし間違った内容の国連による防災枠組が策定されると日本の貴重な税金を使った JICA の支援実務が間違った方向に誘導されることになるので、全力で交渉に参加し、日本の防災常識を世界標準とすることに成功した。

　一方で、JICA にとってアカデミアは、我々が地べたから見上げて政策を支えるのに必要なエビデンスと方法論を提示してくれる灯台である。そのエビデンスをベースに実践するのが JICA のあるべき姿である。しかし現実はそうはなっていない。しかも 2030 年に向けては気候変動もこれあり、世界中のアカデミアも防災マーケットに参入して防災大国と言われる日本の牙城を切り崩そうとしている。なんとなれば災害多発の時代に防災は圧倒的に注目を浴びる分野になったからである。欧米陣は自らをアピールするニッチを探すことに鼻が効く。

　日本のアカデミアは、国内の知見とエビデンスをベースに、海外の災害現場、災害脆弱国の実務現場のニーズに合わせて日本の知見をテイラーメイドし、実現可能な実務知識を提供する活動にも力を入れ、名実

ともに世界の防災をリードする体制を構築していくべきだ。さもないと、国連仙台防災枠組みが改訂される 2030 年に、2015 年の時のように防災先進国として世界をリードするのは殆ど無理であろう。失礼を承知の上で書かせてもらった。奮起を期待したい。

2023 年 2 月　竹谷　公男

防災の国際潮流とその実務的知識体系
International Trend of Disaster Risk Reduction and
it's Backbone Knowledge

1. 防災の国際潮流の歴史

　日本は戦後賠償から始まり、主としてアジア諸国への政府開発援助の歴史が長い。また日本の災害経験とそれに対応した防災の経験により、早い段階から洪水対策などの防災支援を行ってきた。一方、防災分野の国際的な連携は支援側の先進国で災害対応経験の豊富な国は日本以外には少なく、必ずしも支援側が防災に熱心であったわけではないが、1970年代以降世界で頻発し始めた自然災害を受けて、世界的にも防災支援が議論になり出した。国際社会での防災への取組について、簡単に示す。

1.1　国連での防災への取り組み

　1970年にバングラデシュで発生したサイクロンにより30万人以上もの犠牲者が発生して、世界に衝撃を与えた。これを受けて1971年には国際的な災害救援活動の調整目的で国連災害救援調整官事務所（UNDRO：United Nations Disaster Relief Organization）が設立されたが、発災後の緊急援助がまだ中心であった。但しこれを契機として自然災害の途上国での被害などについて注目され、過去20年に世界で自然災害による死者が300万人以上、230億ドル以上の直接被害があったこと、アフリカなどでは干ばつにより2千万人以上が命の危機にあることも明らかになった。これらを踏まえて国連では1987年の国連総会で1990年代を「国際防災の10年」IDNDR：International Decade for Natural Disaster Reduction とすることを決定した。

1.2　第1回国連防災世界会議の開催と横浜戦略

　国連防災の10年の中間年でもある1994年に、横浜市において第1回の「国連防災世界会議」が開催された。本会議は、それまでの国際社会

の取組状況を評価し、その後の世界の防災取組の方向性を作成すること を目的とした。会議の成果として、「より安全な世界に向けての横浜戦 略とその行動計画」（Yokohama Strategy and Plan of Action for a Safer World：Guidelines for Natural Disaster Prevention, Preparedness and Mitigation）「横浜戦略」を採択した。

　横浜戦略の概要は外務省の仮訳によると以下のとおりである。
Ⅰ　基本認識
　・持続可能な経済成長は、災害に強い社会の構築と事前の準備による 被害軽減なくしては達成できない。（応急から予防へ）
Ⅱ　原則（以下を含め10原則）
　・リスクアセスメントは、適切な防災対策の構築に不可欠なステップ である。
　・災害予防と応急対応準備は、災害救援を減らすために、最も重要で ある。
Ⅲ　西暦2000年及び未来に向けた戦略（以下を含め18項目）
　・同様の自然の脅威にさらされている国同士の情報交換、共同防災事 業、国際地域センターの設立・強化を含んだ、公式又は非公式な形 での活動を通じた国際的な地域協力体制の促進。
Ⅳ　行動計画
　原則及び戦略を踏まえ、コミュニティ及び各国、各リージョン、国際 の各レベルで、二国間及び国際協力を通じて実施される具体的な行動を 定める。
（コミュニティ及び国レベルの行動）
　・国及びコミュニティレベルの災害アセスメント及び被害削減計画を 実施するための政治的なコミットメントを表明する。
（リージョナル及びサブリージョナルなレベルの行動）
　各リージョン内の国同士が同様の災害脆弱性を有することに鑑み、各 リージョン内の国家間協力を推進する。

・各国の防災力を強化する観点から、防災情報の収集、人材育成、防災体制構築支援等を実施するリージョナルセンターを設立又は強化する。

（国際レベルの行動）

地球規模の相互依存性に鑑み、国際防災の 10 年を推進する。

このように、48 項目の行動計画が策定され、これに従って各国や国際支援が行われることとなった。なお、これを受けてアジア防災センターが 1998 年に神戸市に設立されている。

なお、この第 1 回国連防災世界会議後ほぼ 1 年たった 1995 年 1 月 17 日に、日本では阪神・淡路大地震が発生した。それにより日本国内では耐震基準の見直しや公共建築、学校などの耐震強化など公助の責任範囲での国民全体への inclusive な効果のある地道な努力が重ねられた。一方世界では横浜戦略に準拠しての活動が促進されていたものの、必ずしも日本のような成果が上がったわけではない。

1.3 兵庫行動枠組

横浜戦略から 10 年が経過して、また阪神・淡路大震災から 10 年の節目にあたる 2005 年 1 月に第 2 回国連防災世界会議が神戸で開催されることが決まり、ホスト国の日本として第 2 回国連防災会議で打ち出す今後 10 年間の防災戦略や、より一層の予防防災投資などを強化していく案なども、主として外務省の関係機関などでは準備のために議論されていた。一方、国連会議のわずか 3 週間前の 2004 年 12 月 26 日にインドネシアスマトラ沖で大地震が発生、これによる未曾有の津波災害により多くの死傷者、被害が出た。北欧の国などは戦後の自国民の死傷者数最大の自然災害がスマトラ沖津波である、などという事態となった。これはクリスマス休暇で北欧の若者、とくにサーファーがタイやスリランカなどに滞在中で、当該国などにとっても津波の経験が皆無であったこと

から津波の警報なども発出されず、被害が甚大となった。このため一気に世界中から、特に北欧諸国なども積極的に第2回国連防災会議に参加する機運となり、早期警報さえあれば良い、という誤った議論が加熱したきらいすらある。

　第2回国連防災会議では、「災害に強い国・コミュニティづくり」をテーマとして、今後10年の国際社会における防災活動の基本的な指針となる「兵庫行動枠組2005―2015」を採択、世界共通の防災目標として，世界の災害被害の大幅な削減に向け、持続可能な開発の取り組みに減災の観点を取り入れること等を掲げ、5つのテーマについての優先行動を設定するとともに、横浜戦略と異なりその実施とフォローアップの方針についても確認された。

　外務省の仮訳による兵庫行動枠組の概要は以下のとおりである。
Ⅰ　概要
　　・「兵庫行動枠組」は、自然の脅威に対する脆弱性を軽減し、災害に
　　　強い国・コミュニティを構築するための具体的な方法を特定する。
Ⅱ　期待される成果及び戦略目標
　　災害による人的被害、社会・経済・環境資源の損失が実質的に削減するため、次の3つの戦略目標を設定する。
a）持続可能な開発の取り組みに減災の観点をより効果的に取り入れる。
b）全てのレベル、特にコミュニティレベルで防災体制を整備し、能力を向上する。
c）緊急対応や復旧・復興段階においてリスク軽減の手法を体系的に取り入れる。
Ⅲ　2005―2015の優先行動
　　全ての国が防災活動の一義的な責任を有する、コミュニティの防災対応能力を高めるといった一般的配慮事項を定めた上で、次の5分野ごとに具体的優先行動を設定。

1. 防災を国、地方の優先課題に位置づけ、実行のための強力な制度基盤を確保する。

　国レベルの制度的、法的枠組の整備など

2. 災害リスクを特定、評価、観測し、早期警報を向上する。

　国及び地方レベルの災害リスク評価（リスクマップの整備・普及、災害リスクや脆弱性の評価指標の体系整備等）など

3. 全てのレベルで防災文化を構築するため、知識、技術革新、教育を活用する。

　情報交換、研究、意識啓発（防災教育やメディアの取組み促進）など

4. 潜在的なリスク要因を軽減する。

　重要な公共施設・インフラの耐震性の向上

　災害復興段階における災害リスク軽減策の実施など

5. 効果的な応急対応のための事前準備を全てのレベルで強化する。

　全てのレベルにおける緊急事態対応計画の準備、防災訓練など

IV　実施とフォローアップ

　・国、地域機関、国際機関（ISDR 等）など関係主体ごとの取組方針を設定。

　・本行動枠組の実施の支援に必要な資源を動員するための各国、地域・国際機関による多面的な仕組を通じ、防災のための資金を適切に動員する。

　＊国際復興支援プラットフォーム（IRP）が 2005 年に兵庫県神戸市に設立される

　優先行動の中に、早期警報の向上が他の項目と並んであげられている。スマトラ沖津波のインパクトからこの部分のみに傾注する傾向が顕著だったことが、兵庫行動枠組のその後の実行での大きな反省である。東日本大震災で 97％近い殆どの人は避難するという、早期警報からすると大成功に近い避難率であったものの、物理的に地域経済が壊滅したのでは持続的な地域経済の維持・発展が出来ない、故に事前の防災投資が

最も重要であるという当たり前のことを世界の常識にするには、第3回
国連防災世界会議での日本の努力にかかっていた。

2. 2015年イシューとして国連が策定した仙台防災枠組

2.1　交渉の過程と実体

2015年イシューの最初の会議となった第3回国連防災世界会議とは

　2015年は国連にとっては防災枠組、SDGs、パリ協定と3つの大きな合意を迎えた非常に重要な年であった。それらの交渉の全体にも影響を及ぼす口火を切る交渉である第3回国連防災会議が2015年3月に仙台市がホストして開催された。約1年間に渡るジュネーブ欧州国連本部での継続的な交渉を経て、仙台での本会議で採択に向けて最終交渉を行ったが、残りの2つの交渉が後に控えており、仙台での最終交渉はこれら残りの国連交渉を左右する極めて政治的なものとなった。

世界の防災支援における日本の貢献度は？

　2013年頃から仙台会議に向けて各国際機関が活発に準備を始めていたが、世界銀行が事務局をしているGPDRR、Global Platform for Disaster Reduction and Recoveryと英国ODI、Overseas Development Instituteが過去20年間の防災支援額の調査を行った。これによると、全体で日本の支援は27%と世界一、世銀は25%。マルチ支援の世銀比率は47%、2位はADB（アジア開発銀行）で17%。二国間援助での日本比率は64%であり、続くECの8%、米国の7%とは比べものにならないくらい、圧倒的なメジャープレイヤーである。

国連仙台防災枠組合意へのパラダイムシフトとJICAの活動

　その日本の防災支援の殆どを担うJICA（国際協力機構）の支援は、件数ベースでは圧倒的にリスク削減の支援に傾注しているが、世界全体の支援総額では依然として発災後の復旧・復興支援が3/4近くを占め、事前予防防災投資は未だ少ないのが大きな課題であった。

先述のように、2004 年のスマトラ沖津波は北欧の国などでは戦後最大の自然災害死者数であった。クリスマス休暇で津波を知らない自国の若いサーファー達がスリランカなどで被災したため、これらの国では津波警報さえあれば被害≒死者数は低減出来たはずと Early Warning への過度な期待を寄せ、死者数だけではなく地域社会全体をどう守るかという議論まで説得しきれず、それが 2005 年策定の兵庫行動枠組（HFA）が避難警報に傾注するなど大きな禍根を残した。

　戦後日本の災害防止の事前投資の効果や、東日本大震災のように多くの人は避難したものの地域経済・社会が壊滅したのでは災害に強い社会にはならないという経験からも、JICA は 2015 年の改定に向けて、2011 年あたりから防災を「人道イシュー」から「開発イシュー」にパラダイムシフトする情宣活動などを行ってきた。特に 2013 年のジュネーブで開催された UNISDR（国連国際防災戦略事務局）主催の防災グローバル・プラットフォームでは、JICA 堂道副理事長（当時）のチェアにより、UNDP（国連開発計画）や途上国の防災大臣が参加する公式サイドイベントにおいて、事前防災投資効果を示すマクロ経済モデルを提示し、国連防災白書 Global Assessment Report, GAR2013 年版への掲載など、事前防災投資の重要性を国際場裏に打ち出した。またこれらの議論を受けて GAR2015 年版に日本の戦後の治水投資とその被害低減効果が成功例として紹介されるなど、これがその後の防災の国際世論の大きな変換点となった。

国連文書交渉の実態

　仙台防災枠組文書の交渉は 2014 年の 5 月頃からほぼ 1 年かけて行われた。この手の国連文書交渉では、起草委員会を設置してドラフト文書を作成することが多い。その場合は例えば 6 大陸代表＋国際的防災専門家などの 10〜15 人前後の起草委員で事前準備することとなる。日本から委員は出せても最大 2 名程度でありその影響力は決して大きく無い。

　一方今回は中南米などでは地域代表を選出できず、結果的に起草委員

会方式ではなく共同議長を選出して参加国全員で議論するビューロー方式で文書を作成することとなった。これが日本に幸いした。全ての国が参加するなら信頼関係さえ構築出来、論理的に全員を納得させられれば、日本の主張がほぼ通る可能性が出てくる。このため、世界中の災害脆弱国に ODA を通して支援している JICA のブランドを最大限活用し、各国で実際の防災支援を行っている著者が通常の JICA の活動の枠を超えて日本政府の交渉団の一員として、防災サブスタンスに関しては全責任を持つくらいの覚悟で交渉に参加した。

　結果、最初から最後まで全ての公式、非公式交渉に参加したのは我が国では著者だけとなったが、各国と信頼関係を構築でき、外務省の粘り強くしたたかな交渉戦術と相まって、日本の主張をほぼ国連文書とすることが出来た。

日本の防災の常識と世界の常識の乖離

　国連防災枠組は時代にあった防災思想や具体的且つ有効な優先行動を規定して災害を減らそうとするものである。しかしながら 2014 年 5 月の段階で国連事務局から提示された pre-zero draft 文書は、旧態依前とした考えに拘泥しており、おそらく欧州勢が ISO 化、災害保険などへの利益誘導を図ろうとしたのであろう「防災の標準化」、災害そのものの削減対策の含まれない「災害時緊急対応の強化」、目的と成果を混同した「レジリエントな社会の構築」など、それを実行すれば災害、被害が減るような優先行動とはかけ離れた草稿文書が出て来て、日本政府交渉団として著者を含めて全員は頭を抱えた。

　前述した起草委員会方式だとおそらく変更できる範囲は限られていたが、全員参加のビューロー方式だったため交渉団としてはあらゆる交渉戦術を使い、辛抱強く途上国などの賛同を集め、且つ交渉会議では欧州勢とのディベートを論破し、日本以外は全く認知していなかった「よりよい復興」を Build Back Better という分かり易い言葉で定義提案し、また事前防災の重要性を Investment としてコスト意識よりも将来への投資

という積極的イメージの持てる文言を提案するなど、10ケ月にわたって粘り強い交渉、説得を行い、日本の主張をほぼすべて国連文書とすることが出来た。

交渉現場でしかわからない各国の本音

国連文書として出来上がったものは、結果的に日本の主張がほぼ全部反映された国連交渉の成果としては希有の事例となったが、その背景での思惑の錯綜など、交渉現場でしかわからない興味深いことが多くある。以下に1つ例を示す。

事前の予防投資か保険か？

公助として治水対策に努力すればそのエリア全体の洪水に対する安全度は向上する。一方、欧米の保険業界は保険の普及を目指し暗躍していた。もちろん日本でも公助の限界を超えた災害への備えとして保険は重要であるし、殆どが堀込み河川で大河川の河口部に資産集積の無い欧米では、大規模な事前防災投資より保険による事後支援が効果的な場合もある。交通事故や火災などのような偶発的に一定比率で起こる被害を保険でフェイルセイフをかけるのは当然である。

しかしながら、自然災害に脆弱な途上国で、基礎的なリスク削減インフラ投資もされていない状態での保険の適用は適切ではなく、むしろ災害リスク削減の努力を損なうものですらある。これについて日本は譲らず激しいディベートを展開し、殆どの途上国の賛同を得て最終的には「リスク削減努力を損なうような安易な方法は、地獄への道を善意で舗装するようなもの」と論破した。

途上国の交渉担当者の危機感は、保険が国連防災文書の柱になれば、自国の政治家は安易に目先を優先するこのような災害が減らない方法を選ぶので、日本に主張してもらって本当に良かった、と感謝された。

2.2　国連が築いた仙台防災枠組とは

2.2.1　仙台防災枠組の優先行動

HFA の優先行動は 5 つあったが、仙台防災枠組では当初から少なくしたいという要望もあり、多少の妥協を残したまま、図のような 4 つのロジカルな構造として合意した。

2.2.2　7 つのグローバルターゲット

仙台防災枠組のターゲット

仙台防災枠組では SDGs のゴールとの連携を前提として、初めて、災害削減効果を 3 つのインプットターゲット、即ち (g) 災害情報の提供強化（Access to information）、(f) 国際協力の強化（International coopera-tion）、(e)2020 年までの国家防災戦略（National & local Strategy by 2020）、地方防災戦略の策定、それらを受けて 4 つのアウトカムターゲットとして (a) 死者数（mortality）、(b) 被災者数（affected people）、(d) 基幹インフラの被害（damage to critical infrastructures）、そして包括指標である (c) 経済被害（economic loss）、などの削減対象を決めた。

2.2.2　仙台防災枠組み 7 つのターゲットの関係性

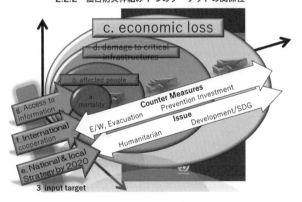

4 つのアウトカムターゲットの相互関係は上図に示すように、経済被害を削減する事前防災投資を実行すると、結果的に死者も被災者も in-

clusive に削減できる、ということである。早期警報では死者と被災者を避難によって減らすことは出来ても、地域経済が壊滅したのでは、防災が SDGs などと連携して人道イシューから社会持続開発イシューの基盤となることは出来ない。上図はこの相互関係を模式的にしめしたものであり、正しい施策を実行すれば経済被害削減という大きなターゲットの中に死者の削減も含まれる、国連交渉で著者が within the same stomach と表現したターゲットの論理的構造を示した重要な図である。

　またインプットターゲットのうち防災戦略の策定だけは 2020 年までの 5 年間に期限を決め、それに基づいて次の 10 年間で成果を出す行程としている。

　この地方防災戦略は、日本の地方防災計画のような主として地方自治体の発災対応の計画ではなく、各自治体がリスクを把握して中央政府と一体となってリスク軽減の計画を立てる事が最重要で、JICA はこの地方防災計画の策定支援に 2015 年から傾注している。

2.3　SDGs、気候変動などとの関係
防災の責任と気候変動 CBDR などの関係

　災害を防ぐ対策は一義的に各国の責任である、という最も重要な原則は横浜戦略、HFA 時代から維持されており、仙台防災枠組でも政治的議題が遡上に上がる前の交渉の早い段階で、その思想は継続するべく合意した。

　気候変動の世界では、「共通だが差異のある責任 Common But Differ-entiated Responsibility、CBDR」は常識化している。しかし防災の世界でこれを強調し過ぎると、例えば気候変動による洪水の増加分が 1 割か 2 割だとしても、途上国は事前予防対策努力を放棄したまま全ての責任≒対策支援は先進国の責任として求めるようなモラルハザードが発生する恐れがある。よって少しでも早く災害予防対策に投資をして国富を蓄積し、さらに発展へとつなげるプラス方向へのスパイラルを目指す方向を

維持した。一方、島嶼国の海面上昇など不可逆的な被害の責任論も当然あり、非常に難しい問題であった。

ガバナンスサスティナブルは先進国では当たり前な概念、しかし途上国の本音は

先進国では仙台交渉の次に控えた SDGs、パリ協定などもあり "ガバナンスサスティナブル" は当然としていたが、意外にも一部の途上国ではこの言葉への忌諱感があった。本音は、先進国はこれまでガバナンスサスティナブルからは程遠いやり方で経済発展してきた、自分達も本音では今しばらくはガバナンスサスティナブルよりも発展を優先させてもらいたいというもので、開発独裁時代に得られた発展の実績の評価や、気候変動へのスタンスにも通じるものでもあった。このため優先事項 3 の候補名の一つでもあった DRR Investment for Sustainable Development という案は受け入れられなかった。

仙台防災枠組は SDGs、気候変動パリ協定合意への基礎条件を作った

仙台防災枠組の交渉で合意した「各国の一義的責任が優先」「投資（Investment）をして将来に備えること」「ガバナンスサスティナブルが重要」などの政治的哲学に近いものが粛々と合意できたことが、次に控えた大きな交渉であった SDGs、パリ協定の基礎条件 Fundament を構築したこととなり、これらの交渉グループから非常に高く評価されている。防災関係者は当たり前のこととしてあまり気が付いていない点が興味深い。

3. 総論

3.1 そもそもリスクとは

通常、ハザード（Hazard）と Exposure（暴露）が重なったところをリスク（Risk）と言っている。

ハザードは、自然災害や人為的活動によってもたらされる被害のことである。Exposure は、危険地域に所在する人、インフラ、住宅、生産能力などの人的資産のことである。ハザードと Exposure それぞれの大きさによってリスクは変わり、ハザードは同じでも Exposure が増加すればリスクは増大する。おのずと、リスクを減らすということは、Exposure を減少させること、となる。

ハザード・Exposure・Coping Capacity（対処能力）の3つが重なったところをリスクという考えもある（2008, ICHARM）。

3.1　ハザード、Exposure、リスクの関係

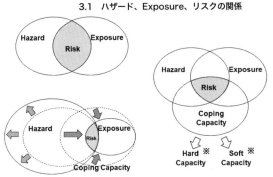

※一般にはstructural,non-structural と称する

最初の国連防災枠組である横浜戦略では「自然災害」を防ぐとしていた。その次の兵庫行動枠組（HFA）では「自然」が外れたが実際には自然災害しか議論してこなかった。仙台防災枠組では自然災害以外も含

め、多様な災害を想定している。

　また、仙台防災枠組では4つのタイプのリスクを示している。「今ある
リスク（Existing Risk）」と「将来のリスク（Future Risk）」、「Intensive
Risk（低頻度だが1回のダメージが大きい）」と「Extensive Risk（1回
のダメージはそれほどではないが頻繁に起こる）」である。将来のリス
ク（Future Risk）、Intensive Risk になるにつれ、被るダメージは大きい。

3.2　リスク増大の原因
3.2.1　Hazard と Exposure で論じるのが簡単な災害
　ハザードの増大は自然現象だが、Exposure の増大は人間活動によるも
のと言える。

　たとえばスリランカには、氾濫原で人が居住してこなかった水田地帯
があり、これは「今あるリスク（Existing Risk）」である。そこに、短期
的快適性や利益を追求した宅地開発が行われた結果、水害に襲われる地
域に人が住むという「将来のリスク（Future Risk）」を作り出してしまい、
実際に2016年の洪水では緊急援助が必要となった。リスクの高い場所
に不動産会社が新規住宅を開発して利益を得る、これによって新たな
Existing Risk が生まれ、理不尽な開発と災害という悪循環が発生し、洪
水時に被災対象として国際社会が支援するというジレンマが起こる。途
上国を支援する際、正義感をもって相手国政府を説得しないと、このよ
うなことはなくならない。日本でも、市街化調整区域の指定により、氾
濫原を水田等として維持することで、なるべく被害を少なくする社会的
暗黙知があったが、高度経済成長時の人口増加や都市化の流れで、住宅
が流入開発された苦い経験もある。

　仙台防災枠組で「新たな災害リスクが起こらないようにする（Prevent
new disaster risk）」と示されているのは、持続可能でない経済優先の開
発が将来のリスクを作り出すのを阻止しよう、ということである。よっ
て、地方防災計画をつくる際に、土地利用計画を精査しなければ、リス
クを減らすことはできない。

さらに、気候変動による影響の増大についても考慮しなければならない。

3.2.2　Intensive と Extensive な災害

3.2.2　リスクの種類（右上の写真以外は著者撮影）

Intensive event とは、発生頻度は高くないものの、一度の被害が極めて大きな災害のことを言う。2011 年の東日本大震災のような、千年に一度程度だが津波と地震で壊滅的なダメージを受けるような災害である。

Extensive event とは、発生頻度が高く、災害ごとの被害は小さいが、トータルの被害は大きくなる。たとえばフィリピンやベトナムでは 2 年に 1 度程度洪水が起きるような場所も多い。建物は日本のような畳ではなく土間、コンクリート打ちっぱなしの床などで水をかぶっても被害は少なく、流れの強くない場所であれば、人々は慣れているので、床上浸水が起こっても水が引けば屋内を洗って 3 日後から商売が再開できる。床上浸水の洪水後に多量の畳等の廃棄物の出る日本とは大きく様相が異なる。とはいえ、災害が積み重なることで発展が遅れ、復旧が終わらないうちに次の災害がやってくるなど、トータルで考えれば損失は大きい。

3.2.3 対象災害の規模と時間軸の概念

一度起こるとしばらく起こらない災害と、いつでも起こる可能性のある災害がある。この２つも分けて考える必要がある。

地震は地殻変動のエネルギーが溜まって起こるものであり、同じ場所での地震は、一度起こると普通はしばらく起こらない。南海トラフ地震が100〜200年の周期で起こるのは、その周期でエネルギーが溜まるからである。

いっぽう、洪水などの気象災害が起こる蓋然性（確率）はランダムであり、50年に１度の規模の雨が今日降ったあと、明日には100年に１度の規模の雨が降る、ということも可能性としてはあり得る。

風化した土砂層が一定程度溜まって滑り落ちる土砂災害は、土砂が溜まるまでに一定時間はかかるものの、雨の降り方と地下水の状態によって滑り落ちる現象であるため、やはりいつ起こってもおかしくない。

低頻度で、一度起こるとしばらく起こらない Intensive event と、高頻度でいつ起きてもおかしくない Extensive event、この２種類のリスクの間のどのあたりをもって構造物での防御対策を取るのか。それは、その国が予防防災対策を復興にどの程度のお金をかけられるかという経済力によって決まる。例えば、500年に１度程度の災害に巨費を投じて構造物で守ることは割に合わないが、30年くらいの周期で起こる災害は構

3.2.3　一度起こるとしばらく起こらない災害といつでも起こる可能性のある災害

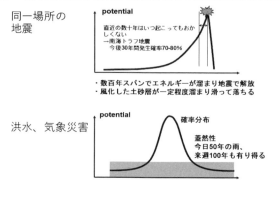

造物で守り、50年に1回くらいの災害であれば土地利用規制も含めて検討することが考えられる。

　日本の場合、一級河川は100年〜200年に1回の発生確率の災害をターゲットに対策を取ってきた。日本を含むアジアでは稲作を営んできたので、河口周辺に大都市が形成されている。一方、麦作が中心の欧米諸国は河口に都市がなく、中流域にしかない。国によって治水の考え方は異なるが、日本の水害対策はアジアに応用できる。

3.2.4　日本の経験は途上国で生かせるのか

　我々が暮らすアジア・モンスーン地域は、降雨量が多く、地震が多発し、地盤が柔らかいため、自然災害が多い。しかし世界には乾燥して地盤の固い地域もある。世界の地域ごとに災害の種類は違い、防災において得意な分野も違うことは覚えておいてほしい。

　関東では江戸時代に行われた利根川の東遷事業によって関東平野の水害を減らし、現在の東京の発展の基盤となった。太平洋戦争後の貧しい時代でも、被害があれば土地利用規制とペアで水害対策を行ってきた。1960年代以降、予算の5〜8％を防災のために使い、堤防建設などの投資が行われた結果、水害による死亡者数は激減した。47年のカスリーン台風で1000人以上、59年の伊勢湾台風では5000人以上が亡くなったが、60年以降は数百人レベルに減り、1ケタや2ケタの年もある。浸水面積も80年ごろから減ってきている。近年、気候変動等によりいわゆる超過洪水が増える傾向にあるものの、日本にはこのような営々とした治水の歴史がある。

　しかし、高度経済成長に伴う人口増加、都市への集中により、安易に市街化調整区域（都市計画法によって定められた、市街化を抑制すべき地域のこと）を解除して宅地化が進められたため、Exposureが劇的に増加した。本来はある程度の高さまでの高すぎない堤防と河道を広げることがセットであるべきだったところ、高い堤防を作るほうが投資額を安くできるため、その方策がとられたものと思われる。

途上国に日本のような高い堤防を作っても、メンテナンスができず、逆にリスクを増やす可能性が高い。日本で起こった同じ間違いを途上国で起こすことは避けなければならない。日本の経験がすべてアジアで役立つというわけではない。なるべく堤防は高くしない、High Water Level（計画高水位）は現地盤の高さと同じくらいを目指すという計画を立てなければならない。

3.3　レジリエンスとは

　昨今、レジリエンスという言葉が大流行である。なかにはその本質を理解せずに使われている場面も国際会議等で散見される。ここではいま一度レジリエンスという言葉の意味と防災の現場でのあるべき議論をしておきたい。

レジリエンス（Resilience）の定義

　UNDRR（国連防災機関）では、レジリエンスを以下のように定義している。

　The ability of a system, community or society exposed to hazards to resist, absorb, accommodate, adapt to, transform and recover from the effects of a hazard in a timely and efficient manner, including through the preservation and restoration of its essential basic structures and functions through risk management.

　つまり、「一定の被害は受けるがそれからの回復が早い」ことをレジリエンスとしている。

　農村部と都市部でのレジリエンシーはまったく違い、国や地域での違いもある。社会的重要度の階層（レイヤー）構造のどの部分に位置するかによる違いもある。

レジリエンスと Civil Minimum

　国全体のレジリエンシーは、どこまで担保するかという国民の暗黙の

合意、Civil Minimum に関わってくる。日本では国民の統一的な最低の要求基準は 100 年や 200 年に 1 回程度の現象にも耐えられるレベルのものであるため、100〜200 年確率という基準をもとに、構造物による対策が計画されてきた。

フィリピンの首都マニラを流れるパッシグ・マリキナ川について JICA が実施した支援では、マスタープランは最初 30 年だったが、国が豊かになってシビルミニマムが上がり、今は気候変動も含めて 100 年確率規模の災害をターゲットとした治水対策になっている。国が発展して、一人当たりの収入が上がれば、国民の要求水準は高くなる。

レジリエンスの階層構造

レジリエンスであるために必要とされることや担うべき役割は、階層（レイヤー）によって違っている。

国全体がレジリエンスであるために国が担うべき役割は、財政措置、法や基準の制定、地方への支援、補助金制度などであり、国レベルでしかできないことである。

地方レベルでは、住民対応、発災対応、土地利用計画の作成、産業基盤のサポートなどである。土地利用計画を立てられるのは地方であり、

3.3　レジリエンスの階層構造

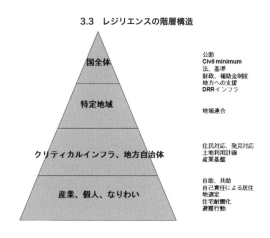

国ではない。

　産業、個人、人々のなりわいを守るために、個人レベルが担うのは、住宅の耐震強化や居住地の選定、避難行動をおこなうことなど、いわゆる自助・共助である。

　支援する側は、国全体のレベルで考えるか、個人・産業レベルで考えるかが、JICA などのドナーと NGO の違いである。

レジリエンスのために、どこを守るのか

　洪水では、都市部は農村部より圧倒的にレジリエンシーが低く、一度被害を受けると素早い復興はできない。近代化したものほど、自然共生的なものより脆弱なのである。タイで洪水があったが、バンコクが氾濫すれば首都機能が麻痺するが、農村部では氾濫と共生できる可能性が高い。特に年に 3 回も米の収穫が出来る東南アジアでは、氾濫しても残り 2 回の収穫は可能な場合もあり、年 1 回の収穫である日本とは根本的に異なる。

　アジア・モンスーンの国では、都市部の高資産エリアを最優先で防御することが、それぞれの国のレジリエンシーの必須条件である。一番大切なところが機能停止すると国全体が立ちゆかなくなるからである。

　日本の場合は、一級河川では上流の農村と下流の都市部を一体で整備している。アメリカのミシシッピー川では流域に農村と都市が交互に連なっており、また例えば都市部は 100 年確率と農村部では 50 年確率などと堤防の整備対策を変えているケースもある。破堤場所をあらかじめ低資産エリアに特定しておいて、被害を全体として最適化しようとしている。

　3.3.1　強靭とレジリエンスは同義か？

強靭とレジリエンス

　強靭（きょうじん）とは「強くしなやか」である。日本では強靭と言うと「強い」が強調されがちである。これまでは「一定の外力までは絶

対安全にするが、それ以上は担保しない、或いはできない」という考え方であった。また、その整備水準の限界値を提示してこなかったため、特に大規模構造物となると整備にも時間がかかり、完成への期待感と安全神話が同一視されがちである。

それを端的に示す例が、岩手県宮古市・田老の防潮堤である。津波対策で40年かけて15mもの堤防を作ったが、東日本大震災では堤防を超える高さの津波により、町は壊滅的な被害を受けた。15mの堤防が完成した瞬間に安心し、安全だと思ってしまったといえる。これは大きな教訓である。

東日本大震災以降、津波が堤防を越えてあふれて戻ることを想定した構造物設計が行われている。設計外力を越えた外力を受けても、壊れにくくかつすぐ回復できるようにしており、これは構造物としてはレジリエントといえる。

3.3.1　レジリエントな堤防の例（国土技術政策総合研究所の資料から）

出典　http://www.nilim.go.jp/lab/bcg/siryou/tnn/tnn1035pdf/ks103506.pdf

国全体として最適化が図られているか？

しかし、国全体として最適化が図られているかというと、そうではない。東日本大震災直後に村井嘉浩宮城県知事は「少子高齢化の時代に、全集落を元通りにするのは難しい。災害を機に地域の再編は必須であり、拠点地域と非拠点地域に峻別し、拠点地域に産業を集積して防御レベルを上げ、非拠点地域は高台への移転で対応する」といった主旨の方針を出した（河北新報2011年4月10日「宮城県知事　復興計画語る」、東日

本大震災復興構想会議資料など）。しかし実現しなかった。各集落で高い防潮堤を作り、道路を作り、高台移転することになった。このため、時間も要し、一度仮移転した人々は生活手段も移転先で確保せねばならず、それが新しい生活として定着すると、結果的に住民の復帰率が3割、4割となった。

　現実には、各市町村の思惑、選挙制度、首長の選挙戦略により、部分最適を求め全体不最適となっている。1世帯あたりの防災インフラ再投資額が2億円にもなるという人もおり、こういうことを考えれば、明らかに全体不最適である。

低資産エリアの洪水とレジリエンシーの例〜メコン川
　メコン川は、洪水時には幅80 km が氾濫する。流域のトレンサップ下流の氾濫原は、微地形によって一毛作、二毛作、三毛作、稲作と野菜、稲作と内水面漁業という5つの営農形態に分かれている。これらのことは、日本の微地形学の権威である春山成子先生や久保純子先生が報告している（春山成子、2009、自然と共生するメコンデルタ、古今書院、2009年、久保純子、2006、早稲田大学教育学部学術研究（地理学・歴史学・社会科学編）第54号1-9、メコン川下流平野（カンボジア）に

3.3.1　Lower Mekong の典型的な姿（Google Earth から）

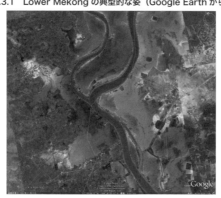

おける微地形と洪水特性、土地利用・水利用の特色）

　山から運ばれたネラルを含む肥沃な土地で農業ができ、洪水の水が引くときには畝を高くして水田を作ることができる。内水面漁業とは、氾濫した水で生息する小魚を佃煮などにして主要なたんぱく源とするものである。道路と米の貯蔵場所だけは微高地をかさ上げし、それ以外はすべて「洪水と共生」せざるを得ず、そうしてきた。まさにレジリエントな姿である。

　しかし、ドナーの支援が入って、川に堰を作って水をせきとめて灌漑し、耕作地を増やすより効率的な「農業の近代化」が行われると、整備した施設の土砂を毎年底浚いしなければならないため、洪水と共生する農業はできなくなる。

　乾季（dry season）と雨季（wet season）では、水位差が 5 m 以上違うため、気候の影響でハザードが変わる。農業、漁業は wet、flood の時期を中心に年間サイクルが回っていくのが本来の姿だが、気候変動によってこのサイクルがずれると、種付けなどの業態が変わり、営農スケジュールがずれるというがある。このような地域にドナーが水位標を作り、early warning によって早期避難を促すプロジェクトをするのは、連綿と洪水と共生してきた人々の知恵の前ではまったく意味がない。いわばドナーの自己満足に過ぎない。

3.3.1　living with flood の例（筆者撮影）

ドナーによる Great Mekong の灌漑プロジェクトなどは、50 年～100 年確率の洪水被害を、輪中堤によって防ぎつつ農業の高度化を図り、結果その地域を洪水から守るとのことであり、受益者にとっては有り難いプロジェクトである。しかし、自然状態で氾濫機能を持った Living with Flood のエリアでは多くの地域をこのようなプロジェクトで開発すると流域全体の洪水貯留能力が低下し、結果的に灌漑プロジェクトによって他の地域の洪水被害が増加することになる。このようなプロジェクトが持続可能な支援といえるのか、ドナーの自己満足ではないのか、という議論がある。相手国の要望でもあるので仕方がないが、流域特性に応じて、自然の持つ洪水低減効果と近代的開発のバランスをどう取るかについて、社会のコンセンサスを作らないと、持続可能な支援はできない。具体的には、プロジェクトにより得られた増加収入から一定額ストックして、不利益を被る側への補填に回すなど fair safe な社会システムを作るべきで、そこも含めて支援というものを考えるべきであろう。

　同じ事は気候変動にも言え、一般には氷河の融解は災害を惹起するが、中流の水力発電による売電が国家収入の根幹でもある国などでは気温上昇による河川流量の増大が即発電量の増大、国家収入の増大に直結しており、損害と利益がトレードオフの関係になる分野もある。このような気候変動による恩恵を受ける部分から一定の対策費をストックして、上下流の被害を受けるエリアへの基金にするような議論も、公共財としての水の活用のバランス論から本来はあるべきであろう。

　また、どの程度の規模の防災の構造物の対策が全体最適であるか、その計画の threshold（閾値）を決めないといけない。例えば、途上国に国力がないから 10 年、20 年確率の災害への対策を実施しようとしても、国力がついた 20 年後、30 年後には 50 年確率に上げなければならない。その時点では 20 年確率対策の周囲に都市化が進行し、治水安全度の向上に打つ手が無くなる可能性もある。先の時間軸を視野に入れて、今すべきことを考えなければならない。

3.3.2 復興とレジリエンスの関係はどうあるべきか

過去の防災予算の殆どは、発災後の緊急対応（emergency response）と復旧（recovery）に使われていた。しかし、一般的に1ドルの予防防災投資で7ドルの opportunity cost（対策をしなかったときにかかる費用）が削減できると言われている。仙台防災枠組の直前には EU も防災投資は4から7ユーロの価値があると言うようになった。そして、仙台防災枠組に「より良い復興（Build Back Better）」が取り入れられた。

Build Back Better の定義は以下の通りである。

"to utilize disaster as an opportunity to prevent to create more resilient nations and society than before through the implementation of well-balanced disaster risk reduction major including physical restoration of infrastructure the vitalization of livelihood and economy industry and the restoration local culture and environment"

つまり、インフラの復旧のみならず、災害を契機として、社会構造の変革を含め、より豊かな社会基盤をつくりましょう、ということだ。

仙台防災枠組により、防災は人道イシューのみならず、開発イシューであると捉えられるようになった。

3.3.3 社会資本である重要インフラのレジリエンス

Build Back Better にも、行政がやるべきこと、行政しかできないこと、個人がやることなど、さまざまなレイヤーがある。

一番上のレイヤーである国のレベルでやるべきことは何だろうか。例えば2015年のネパール地震では政府庁舎まで倒れてしまい、国家計画庁の職員が役所の庭でテントを張って仕事をするという事態が起こった。発災後の社会機能を維持するために、行政がやるべきことはたくさんあるので、行政機関を強くすることがまず大切である。その次が地方行政、基幹病院、重要インフラ、個人の住宅、という順番になる。

日本は学校の耐震化ができていないことが阪神・淡路大震災で露呈したため、15年かけて100%の耐震化まで持ち上げた。これはまさに国がやるべき仕事である。

3.3.3　policy priority の階層構造

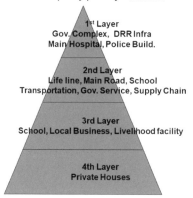

JICA のようなドナーは、行政がやるべきなのにできていないことを探して支援するのが仕事である。2004 年のスマトラ沖地震津波で国家予算に匹敵する支援が一気に投入され、予算が余ったり、現場の担当者が支援ドナーの対応に追われたり、政権幹部が恣意的にプロジェクトを乱発し、混乱が起こり、第二の政治的な津波とも呼ぶべきモラルハザードが起こってしまった。ドナー対応の一元化をはかるために対応するPDNA（post disaster needs assessment）を行った。

3.3.3　日本の学校の耐震化率の推移。小学校では 15 年の間にほぼ 100%に達成した

- for elementary school case, almost to 100% within 15 years effort

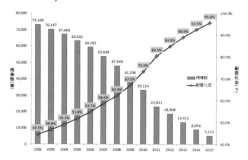

3.3.4 個人資産のレジリエンス

ハザードが支配的要因になるリスクと、そうでないものが要因のリスクがある。例えば、地震での住宅被害は、住宅の材料や構造などのCoping Capacity による違いが支配的要因となる。

大量の死者が発生する例として、途上国で主流であるレンガ積みの住宅の倒壊がある。木造建築は変形を許容する素材で作られているが、レンガ造りはわずかな変形にも弱く、壊れやすい。

2006 年に発生したインドネシアジャワ島中部・ジョグジャカルタの地震は 50 年周期程度と言われているが、この地震では、以前の地震を経験した伝統的な木造建築は壊れなかったにもかかわらず、工法として普及してまだ 20 年程度のレンガ造りの家屋は倒壊した。レンガ造りの家屋のほうが安価で機密性も高く虫も入ってこず、クーラーが設置でき、住宅として快適であるが、過去の地震災害の淘汰を受けていない工法であった。個人住宅のレジリエンスの考え方は非常に難しい。

このように、地震の場合、特に建築物ではリスクの程度は内部の構造体の品質に依存するため、外見だけではわからない。住宅の被害額の算定や技術トランスファーの際には注意する必要がある。

日本では阪神・淡路大震災後に住宅の建築基準が変わり、生活水準も向上したため、耐震住宅のマーケットが確立・普及しているが、途上国ではそうはいかない。著者はジョグジャカルタの復興事業で、JICA の提案した耐震補強工法を採用した住宅以外には復興資金を提供しないという強制力を持った州令を制定してもらったため、1 年間に 10 万戸の家を再建支援した際、耐震工法を普及させることが出来た。途上国で個人資産のレジリエンスを高めるには、制度上の強制力、行政の指導、支援が必須である。

3.3.4 倒壊しなかった木造家屋と倒壊したレンガ構造

　道を挟んで倒れなかった木造家屋と完全倒壊レンガ構造の対比が鮮明
である。

4. ハザードの種類と防災対策のバリエーション

　この章では、どのような種類のハザードがあり、具体的に何をすべきなのか、防災全体を俯瞰的に捉える視点を持つために必要な知識を解説する。

　洪水、土砂災害、地すべり、地震、津波、日本にない・少ない自然災害（森林災害、煙害、ゾド）について取り上げる。

　気候変動は、不可逆的で、ゆっくりであるがボディーブローのようにダメージを与えるとされている Slow on set event である。UNFCCC（気候変動枠組条約）が指定している 8 つのイベントについても触れる。

4.1　洪水
4.1.1　洪水の種類——外水氾濫と内水氾濫

　洪水には、外水氾濫と内水氾濫がある。外水氾濫は、川が増水して氾濫することより発生する洪水である。内水氾濫は、川に入る前にその場所に降った雨が貯まって発生する洪水である。

　日本の洪水対策は基本的に外水対策である。しかし内水対策も重要であり、両者の対策のバランスが大切である。

4.1.2　日本の洪水対策の歴史

　日本が取ってきた外水対策は、水を「流域に貯めて川に入れない対策」と「川に入れて海に流す対策」の 2 つに大別される。

　戦国時代に武田信玄が築いたとされる「信玄堤」を 2019 年に訪れた。甲府盆地を流れる釜無川と支流で信玄が行った治水の代表対策である。当時は大名が絶対君主として河川も流域も一体に考え、治水と洪水対策をすることが可能であった。川全体の連続堤防を持たず、点在する集落や田畑などを守る地先防御の時代であったため、川で守ることと流域で

守ることは一体不可分であり、洪水から住民を守るために取り得る対策はすべて取ることが可能であった。

　ところが近代では、河川法によって連続堤防を作るための河川エリアが指定され、河川管理者（河川局）の権限と責任の及ぶ範囲が指定されることになった。これは、河川管理者が河川エリア外の住宅地や農地などには権限を及ぼせないことと同義である。そのため、河川局が流域全体を見渡した洪水対策を行えず、これが近代日本において総合治水が普及しなかった主な原因であると考えられる。

　こうして日本の近代治水は、その殆どが外水を対象として、氾濫不許容（氾濫させない、氾濫を許さない）を至上命題として、連続堤防の整備によって河川に洪水を封じ込めて海に流してきた。これは、河川法下で最大限実現できることに取り組んできたということである。

堤防が存在する途上国はまれ

　堤防が存在する国はごくまれで、自力・自前で整備した国は殆どない。

　パキスタンは英国統治の時代に、大河であるインダス川の開発のため河川開発、堤防建設を行った。一方同じ英国統治であるがインドを挟んで東側の旧東パキスタン、現バングラデッシュの大河であるガンジス川などは人工的なコントロールが出来ない暴れ川と判断して、殆ど堤防を構築していない。英国には同様な河川が存在しないにもかかわらず、当該河川の性状を見抜き、全く異なる河川管理を行った英国土木技術者の河川工学的見識は尊敬に値する。

　インドネシアはオランダ当地の時代に、スリランカは英国統治の時代に、同様の河川開発、堤防建設を行っている。戦後日本はブランタス川の総合開発を支援し、ブランタススクールと呼ばれるほどそのプロジェクトを通じて人材が育成された。

　現在のドナーによる支援は、旧宗主国の時代とは投入の規模やできることがまったく違うが、それでもできることはある。

4.1.3 途上国における洪水対策① 山地から出てくる洪水を減らす

途上国では、日本における「河川法」「河川管理者」に相当する制度や体制がないことが殆どである。そのため、日本の治水と異なり、流域全体を見渡した対策を検討することも可能である。

総合治水とは、川の流域にダムなどのさまざまな設備を置いて、川の負担を少しでも小さくしようということである。

山地から出てくる洪水を減らす対策の一つとして、治水の中で明確には位置づけられていないものの、森林保全が挙げられるが、限界もある。

ECO-DRR とその限界

ECO-DRR（Ecosystem-based disaster risk reduction；生態系を活用した防災・減災）という言葉がある。例えば森林保全によって土砂量を抑制、土石流を減少させるといった考え方である。この取り組み自体を否定するつもりはないが、防災対策としては微妙である。マングローブで3年に1回の高潮は防げたとしても、50年に1回の大津波は防ぐことはできない。むしろ「マングローブで津波を防げる」と誤ったメッセージを与えてしまうことになれば、負のインパクトのほうが大きい。

ECO-DRR は、広範囲かつ頻度も高い Extensive Event には一定の効果があるものの、頻度は低いがダメージが集中的で大きい Intensive Event には殆ど効果がない。100年に1回のような規模の洪水の場合、流域はすでに ECO-DRR で防ぐ余地がないほど飽和しており、低減効果はごく一部、あるいは全くないであろう。

2020年7月に豪雨災害が発生した九州の球磨川水系の例を紹介する。ここでは2008年に川辺川ダムの建設が中止された。現在、同地域において森林の洪水低減効果の検証実験をダム反対派、国土交通省側で共同実施している。氾濫した人吉地区では、球磨川のピーク流量は 7,000 m³／秒と想定されており、川辺川ダムは 3,000 m³／秒カットする計画となっていた。もし川辺川ダムが整備されていれば、人吉地区での氾濫は

発生しなかったと考えられる。国土交通省としては、実証実験を通して、森林保全の効果が限定的であることを示し、反対派に納得してもらったうえで、川辺川ダムの整備事業を復活させる考えであろう。

タイのチャオプラヤ川の中流部は、非常に平坦で、水路も縦横に平面に走りつつ立体交差している。このような場所では、地中に雨がしみ込む閾値を超えると表面から流れる量が卓越し、雨量が 1.25 倍でも洪水範囲は 3 倍以上になる。雨季に年平均 800 mm が降るとすると、最初の 700 mm は浸透するが残りの 100 mm は洪水となって出てくる。1.25 倍の 1000 mm が降った年は、300 mm が洪水となって出てくるので、洪水量が 3 倍となるのだ。東京の神田川は、ほぼ舗装されているので、100 mm の雨が降れば 100 mm の洪水となる。途上国では、緑が雨をストックしているように思いがちだが、閾値を超えると超過洪水があり得るということだ。このような相場観を理解していないと援助は逆効果となり、リスク管理ができなくなる。また、超過洪水になれば河川から宅地に管轄が変わるので、相手側の都市局との連携が不可欠になることも覚えておいてほしい。

4.1.4　途上国における洪水対策②　洪水を貯留して河川の負担を減らす

出てきた洪水を川に入れるまえに貯留して、河川の負担を減らす対策には、防水調節池、各戸貯留、公園貯留、校庭貯留などがある。

日本では、開発業者が相応の治水対策を行うことになっている。一定規模以上の宅地開発地では、開発面積×比流量 2.5 相当を貯留するよう義務化した事例もあった。1 km^2 の流域面積だとピーク流量は 2.5 t／秒なので、100 km^2 を開発した場合には 250 t のピークカットが必用となる。10 年に 1 度程度の確率の雨であれば、この対策による効果が期待できる。しかし、100 年確率の雨の場合は、流域全体に遊水地が多く確保されていない限り、効果は期待できない。

4.1.5 川に出てきた洪水への対処法

なるべく河道の負担を小さくするように施設をほどこすことが原則である。

◆ダム・貯水施設

ダムは上流で一時貯留し、下流河道の洪水を低減するものである。しかし、ダムの貯水容量には限界があり、容量を超えた瞬間に貯留施設はパンクする。

また、ダムは支配面積（川への影響の度合）で効果が変わる。例えば流域面積が $100\,km^2$ の上流に貯水容量 $10\,km^2$ のダムを作ったとしても、残流域の方が多いため、ダムでのカット分は、一番下流の大事な人口密集地域にしてみれば 10 分の 1 程度となってしまう。

4.1.5 総合治水の概念図（国土交通省の資料を元に作図）

◆河道

川には容量に限界がないため、河道は太ったハイドロ、つまり時間あたりの流量がそこそこ多くても、ある一定量までは対応できる。山間部から出てきた洪水を平野部で氾濫させないために、洪水を河道に閉じ込めて海まで流す、というのが日本の基本的な対応である。

日本の河道は、高い連続堤防とペアで整備されることが多いが、この
やり方が成功か失敗かの議論が出ている。堤防を整備すると、流量の多
い本川に支川が合流する際に、支川に逆流することもあるため、逆流を
防ぐ樋門や樋菅（堤防を横切って水を通す水路）をつくるといった支川
合流処理が必要となり、内水氾濫に備えて排水機場も必要となる。他方、
河道拡幅で無堤であれば、殆どの内水処理は不要である。都市の密集が
進んだ日本では、河道拡幅は用地買収などが必要なので難しく、「本音
を言うと堤防を高くするという一番安価な洪水対策を行うこととなっ
た」のであり、そのつけが現在まわってきている。

　なお、1,000ｔ流す河道は理論上１週間1,000ｔを流せることになるが、
実際には堤防が損傷して水が浸透して堤防が壊れる「浸透破壊」を起こ
す恐れがあるので、理論どおりにはいかない。

◆遊水地

　遊水地は、河道に入った洪水を、中流の広い農地や遊休地など余裕の
ある場所を指定しておいてそこに流し、水を貯留するものである。遊水
地のメリットは、水深は浅くても氾濫エリアに近いのでダイレクトな効
果があることだ。ダムとの比較でいえば、ダムは上流でのカット分の効
果が下流では10分の１程度に落ちてしまうことも多い。

　遊水地の容量に限界があるのはダムと同じではあるが、水深が浅いこ
ともあり、超過洪水に対して比較的壊れにくいということがもう一つの
メリットである。

　この二つのメリットにより、遊水地は意外と効果的な方法であると言
える。

◆放水路

　放水路は、一般には最下流の人口密集部をバイパスする新たな河道を
設けるものである。人口が多く河道を拡幅できないところでも、ダメー
ジの大きいところに溢水を大量に流さない方法としては対処でき、氾濫

エリアに近いのでダイレクトな効果もある。さらに、太ったハイドロ（一定時間あたりの流量が大きいこと）にも効果があることから、意外と良い方法である。日本でも、信濃川の大河内分水路や関東の荒川放水路など、さまざまな実例がある。

4.1.6　超過洪水への対応方法

治水の基本的方法論がない途上国での検討方法

　計画の対象とする洪水については、上述の施設はどれも有効であるが、超過洪水に対しては、途上国においては殆ど治水対策の基本的方法論として議論されていないため、以下を留意しつつ対策を検討することとなる。

・無施設の場合に起こる時間経過による流量（洪水ハイドロ）を日本では基本高水という。
・流域や貯留施設と河道で分担した際の河道の分担分を日本では一般的に計画高水という。

　JICA のプロジェクトでは、基本高水≒計画高水として、河道以外は殆ど考慮せず、貯留施設を提案してこなかったことが多い。その理由は、日本では流域貯留の成功例が少ないため担当コンサルタントに流域対策の発想がないこと、流域対策のメニューは計画対象洪水には効果が薄いと判断していることなどが挙げられるが、一番大きいのは、貯留施設である新規ダムは回避したいという暗黙の流れがあることである。

　しかし、洪水マスタープランの策定など「計画づくり」をする際は、ダムも含めてあらゆる洪水対策を検討してフルメニューとして提示することが重要だ。日本がダムの建設を支援するかどうかは別の話である。

河道と貯留施設の考え方

　河道と貯留施設はどちらが望ましいか。これを考えるには、超過洪水

がどのくらい起こるかによって変わってくる。

JICA が 20 年前にフィリピンのパッシグ・マリキナ川でマスタープランを作ったときは、30 年洪水への対策であったが、その後に台風オンドイ（2009 年 9 月）があり、当時のシンソン大臣が、今後の気候変動などの影響を考慮すると 30 年計画では不十分として、100 年に治水計画を引き上げ、新規ダム建設が計画された。

河道と貯留施設はどちらが望ましいかというのは、簡単な話ではなく、さまざまな洪水パターンと利水との兼用も含めて考える必要がある。

超過洪水を含めた便益計算について

費用対効果は、施設のバリエーションを検討する前段階で、イメージができていなければならない。治水事業の便益は次のようなグラフで示され、Y 軸が被害額、X 軸が流量規模であり、無害流量と計画の無害流量がある。このグラフでは、堤防設備などの治水事業により防止でき得る被害額を網掛け部分の面積で示している。

4.1.6　治水事業の便益の一般論（国土交通省の資料を元に作図）

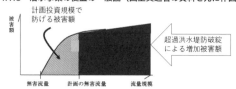

ふつうはどんな川も、図の丸の部分のように、氾濫時に土砂が貯まっていくため、自然の堤防ができる。これを自然堤防と呼び、だいたい 1 〜 2 m の高さとなる。利根川では幅 150 m、高さ 2 m 程度の自然堤防が形成される。堤防建設の一番簡単な手法として、この自然堤防の上に堤防を築いていくことが一般的である。

堤防を築き、河道を掘削して精製し、下図の一番下のような断面にして、100 t しか流れなかったところを 500 t 流れるようにするというのが

だいたいの治水対策事業である。

　計画の洪水までならば堤防が持つ、という前提でいくと、堤防から水が超過した瞬間に破堤することとなる。破堤した場合は、下図のとおり、堤防を作らなかったときの状態に戻る。

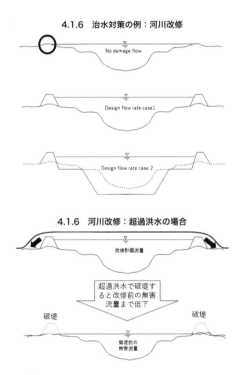

4.1.6　治水対策の例：河川改修

No damage flow

Design flow rate case1

Design flow rate case 2

4.1.6　河川改修：超過洪水の場合

改修計画流量

超過洪水で破堤すると改修前の無害流量まで低下

破堤　　　　　　　　　　　　　　破堤

築堤前の
無害流量

　無害流量とは、自然の状態で一切害のない水を流せる流量のことで、先に示したグラフでは無害流量の部分を指す。100 年に 1 度の計画で対策した場合、そこまでは被害は起こらないものの、超過したら一瞬で元に戻るため、大きな被害が発生することになる。つまり 100 年、200 年計画で堤防を作れば作るほど、その計画年を越えた瞬間に大被害が起こるリスクがあるということである。

日本では、整備計画を基本方針 200 年で策定しているが、今の整備計画は 30 年、50 年を当面の目標にして、必死になって対応してきた。その段階で概成した整備計画の能力を超える超過洪水が発生し、基本方針で想定した最終形の治水安全度以下であっても、そこまで事業が完成していないために整備計画レベルの完成堤防は破堤するため、被害額が増加しているのが現状である。

4.1.7　JICA の支援対象国の治水の体制

治水専門の組織があるのは、著者が知る限りフィリピンだけであり、DPWH（公共事業道路省）の中に設置されている。利水については農水省が所管という珍しい体制となっている。

灌漑と治水を含む水資源管理組織（日本でいう農水組織の Irrigation Department）が治水を含む水資源管理を所管する体制となっているのが、インドネシア、スリランカ、パキスタンである（インドネシア水資源総局は、ブランス川に日本の水資源総合開発の考え方を導入していた多目的ダムを保有しており、治水も行っている）。

タイは、灌漑組織が治水も管理する格好となっているものの、ほぼ全くしていない。

パキスタンでは河川管理を灌漑局が実施しているが、治水についての能力がきわめて高い。2010 年の洪水時には洪水の期間中、河岸に 100～200 m ごとに監視小屋を設置して、監視員が 24 時間体制で常駐し、異常があれば携帯電話で報告するなど徹底した体制を敷いていた。上流から 7 つの本川をきちっとピークカットし、全体の流量バランスを取ろうとしていた。しかし、残念ながら堤体のメンテナンスの予算が殆どついていなかったため、下流のシンド州では越流しなかったのに堤防が浸透破壊してしまい、最悪の事態となってしまった。

4.1.8　途上国における望ましい治水対策

日本と異なり治水投資の殆どされていない状態で、既に都市化が進行

しつつある途上国での理想的な治水対策には以下が挙げられる。

洪水位を高めない

治水対策の大原則であるが、日本の河川は山地から一気に扇状地を経て平野に流れ出、農村が河川沿いに存在した河川が殆どの日本では、コストの安い堤防を高くする選択をしたため、結果的に日本中の大河川は高い堤防を持つこととなり、超過洪水時のリスクの高い河川となっている。少なくとも日本がODAで支援する治水事業では志を高く治水本来の望ましい姿を希求すべきである。具体的には、

- ・計画高水（HWL; Hight Water Level）は現地盤高で止め、なるべく高い堤防を作らない。
- ・可能な限り河道を拡幅し、堤防のメンテナンス、内水問題を回避する。
- ・タイのチャオプラヤ川のように上流に可能最大容量の巨大なダムを建設して、洪水、渇水両方にバッファーをもたせる。

超過洪水による被害と、超過洪水が起きても防ぎ得る被害との関係は、建設する施設（堤防、ダム、遊水地）により大きく異なる。堤防だけ建設した場合は、例えば30年確率までは防げるが、それを超えると超過洪水として被害が発生する。上流に50年計画のダムだけを作った場合、50年の洪水は防げるが、超過洪水はダムの洪水吐から下流に放流するため、超過した分の被害が下流に及ぶ。中流域で遊水地を作る場合は、部分的には被害が発生する。

安価だが脆弱な対策をしても意味がない。超過洪水も含めて、全体を見て判断する必要がある。

4.1.9 事例研究：日本の河川と大きく異なる河川の例、タイのチャオプラヤ川

2011年に大洪水を起こして日本企業400社以上の工場が浸水して大

きな被害の出たタイのチャオプラヤ川は日本の川とは大きくその性状が異なる。

　チャオプラヤ川では、7〜9月の3ケ月の雨量分に比例して、10月初旬に洪水が発生する。50%は蒸発するが、残り50%は上流のダムで3分の1、中流域の氾濫で3分の1、チャオプラヤ川を通じて3分の1が流れるというぐらいのバランスである。上流の2つのダムだけで総貯水容量は250億tある。蒸発分込みで雨量の総量は250億t×3×2、流域面積は15万9000 km² なので、降雨量は約1000 mm 程度となる計算だ。このように、大まかに把握しておくことが重要である。

4.1.9　メコン川とその他の川の比較

	Mekong	Chao Phraya	Tone	Rhine	Mississippi
Catchment Area (km²)	795,000	159,000	16,480	185,000	3,220,000
River Length (km)	4,350	1,100	322	1,230	6,210
Gradient (lower portion)	1/50,000	1/50,000	1/9,000	1/15,000	1/5,000
River Capacity (lower portion m³/s)	16,000	3,000〜4,000	21,000	14,000	77,000
Discharge/Basin Area	0.02	0.02	1.2	0.08	0.02
Basin Retention Effect	big	big	very small	small	small
Flood (peak) Duration	1-2 month	1-2 month	2 days	2 week	1 month

Japan≒377,900 km²

　チャオプラヤ川は流域面積が15万9000 km² であるのに対し、バンコク都市圏での流下能力は4000 t 程度である。利根川は流域面積1万6480 km² だが、利根川の八斗島での計画流量は21000 t である。このように、川によって違いがある。

　流下能力の違いは、河川地形が関係する。メコン川の河口が広がっているのは、河川が運んできた土砂でデルタが発達して海に広がっているからである。ミシシッピー川の河口は、60 km も突き出した鳥趾（ちょうし）状三角州が形成されている。一方で、チャオプラヤ川は、河口がへそのようにへこんでいる。これは河口に運ばれる土砂が少ないので、河口が広がらないことによる。

　チャオプラヤ川の 2011 年大洪水を受けて JICA で提案したマスタープランは、100 年相当の洪水で被害を最小化するが、氾濫は不可避（上流側での氾濫は止められない）という考え方に立っている。これは日本のような「氾濫ゼロ」にする治水とは全く違う考え方である。氾濫域を指定して重層的に横堤を作って流れの速度を落とし、5 年ならここまで、10 年ならここまで、といった制御された氾濫を中流域に起こす。それに対して下流域には放水路や片側堤防をつくり、バンコクは守るが反対側は氾濫してもよい、という考え方である。途上国では、日本の経験をそのまま使うのではなく、現状に応じて使うことが重要である。

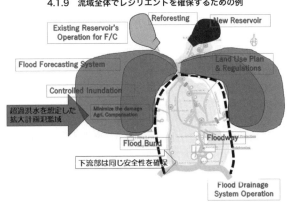

4.1.9　流域全体でレジリエントを確保するための例

4.2　土砂災害、地すべり

4.2.1　土砂災害・地すべりの原因と種類

　土砂災害の原因は、基本的には降雨である。平常時は、すべり起動力とすべり抵抗力がつり合って安定しているが、降雨により地下水位が上昇すると、すべり抵抗力が低下し、すべり土塊の重力が増加、起動力と抵抗力のバランスが崩れて地すべりが発生する、というメカニズムである。

　新潟では、融雪出水時に地下水位がゆっくり上昇し、それに併せてゆっ

くりと地すべりが発生する事例がある。そのほか、地震の水平力によってすべり慣性力が増加してすべる、火山性の揺れによってすべることなどもある。

　土砂災害や地盤災害の種類には、土石流、地すべり、斜面崩壊、液状化がある。土石流は豪雨によって発生する。地すべりは表層、深層、豪雨、融雪など発生メカニズムは多様である。斜面崩壊は、豪雨か地震が原因となる。液状化では人は死なないが、2018 年のインドネシア・スラウェシ地震では大変な被害が発生した。

　以上の項目分けに「砂防」が入っていないが、日本の砂防事業とは「主要河川の上流での土砂制御」という位置づけであると理解している。土砂流出を抑制して氾濫を防止する事業が完了したあと、急傾斜事業や地すべり事業が実施されるようになった。

4.2.2　日本の経験　砂防と治水

　土砂生産量と土石流が多く、河川の土砂流下能力を超過している河川の場合は、上流での砂防により土砂流入を止める必要がある。そうでなければ、河川に流れ込んで河床が上昇して、氾濫危険性が高まるからだ。

　日本の治水対策は、砂防事業と河川事業の両者一体で効果を発揮しているが、途上国では砂防事業がほぼ実施されていないので、土砂の多寡を河川の河床状況から判断しなければならない。

　土砂供給量が多ければ河床は上昇し、少なければ低下する。途上国では河床の砂利掘削をしているケースが多く、掘削によって河床が低下し、橋台、護岸など構造物基礎の足元がすくわれて、構造物が不安定化してしまうことがある。

　一方で、河床が低ければ河川の流下能力が増すので、氾濫危険性は下がる。ベトナムの現場視察の事例では、橋台部分で水面から 4 m ほど河床が低下して、支持杭が露出していた。洪水時なら水面から 7 m 程度まで河床が下がっていると考えられ、その状況によって必要な治水対策は大きく変わる。

　武田信玄が実施した治水事業の場合、当時は釜無川から御勅使川のなど4本の支川が派生していた。その場所への対策として、連続堤防の建設と、土砂が流入することで地盤高が高まるため次の氾濫では反対側に流路が振られるという現象を考慮した施設を設置した。

　釜無川上流には大規模な荒廃地があり、ここからの流出土砂によって河床が上昇するため、堤防の無力化を防ぐための砂防事業が実施された。しかし、御勅使川の構造物周辺の地盤は400年で6mも上昇し、治水構造物は完全に埋没した。建設後50年程度しか有効ではなく、200年後には完全に破綻したのが現実である。

　途上国で信玄堤のような地先治水施設を見たことはなく、日本は昔から土砂災害によって人間が死ぬ、それを何とか対策しようとする非常に特殊な国だと実感している。

　多摩川は青梅の上流域から流下して昔は北側を流れていたが、多摩川を境界とした北側のプレートが約30m隆起したため、河川水は北側に流れられなくなり、現在の流路となった。このため、北の武蔵野台地川には段丘面が2段見られるが、南の川崎側には段丘面が見られない。このような川の由来を理解しておくと、ミクロ的な50年の治水計画には殆ど影響がないかもしれないが、考慮する治水対策の幅が広がる。

　実際の河床というものは、下刻作用（下方に向かう作用）と堆積作用のバランスで決まる。堆積作用が大きい場合は、広く土砂が堆積して川幅が広くなる。上述の御勅使川の場合、上流で砂防事業が広く実施されて土砂供給が減少し、下流の土砂流失が卓越してあと200年くらいすれば、深掘りされた河川へ変貌すると思われる。

　名古屋近郊の豊川では、上流からの土砂供給が些少なので、切り立った河岸となっている。

　一方で大井川や安部川は、河床が掘れた時期と堆積した時期が異なって、現在は堆積が卓越して幅の広い川となっている。川幅の広い川は土砂共有が多い、狭い川は少ない、という感覚を持っておいてもらいたい。

4.2.2　流出した土砂で河床が上昇することにより、水位が上昇し、反乱が発生する
（国土交通省の資料を元に作図）

4.2.2　土砂・洪水氾濫、土石流のイメージ（国土交通省の資料を元に作図）

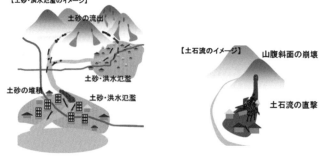

4.2.3　途上国での協力事例〜途上国に理解してもらうには

　バングラデシュはモンスーン地帯で、世界で最も川が安定しないといわれ、とにかく河道アライメント（河道の位置）が安定しない。激しく網状蛇行して、年によって5〜10 kmもアラインメントが変化する。日本も同じモンスーン地帯であるが、下刻と堆積のバランスの取れた川の運用（well balanced sedimentation control and river training）を行っている。

　利根川を例にすると、上流の土砂供給源では砂防事業によって土砂生産を抑制し、それでも土砂が供給されて網状蛇行する中流区間では、連続堤の低水路内で蛇行が何とか収まるように調整し、下流域では連続堤と高水敷（水路より一段高くなった敷地）を設けてそれらの破損がないように維持管理している。

　このように、上流から下流まで一体の事業を実施し、広い視野で河川をとらえることが重要と説明して、JICAではバングラデシュで新しい大規模プロジェクト「包括的河川管理に係る計画策定能力強化及び技術

46

適応サイクル構築プロジェクト」（通称：Nodi プロジェクト）を立ち上げた。

4.2.4 土石流・地すべり・がけ崩れ

土石流は、小規模渓流の急斜面を降雨と土砂が混合して流出するもので、大半は土地利用計画と規制で制御するしかない。上流に雨が降って地下水位がダムアップ（上昇）し、1か所に蓄積された土砂が限界を迎えて一気に流下してくるものなので、そのよう場所に住居を建設させるべきではない。

地すべりが発生するのは郊外地なので、防御対策の費用対効果がどうしても小さく、構造物対策による制御の事業実施に至りにくい。一般的には、横ボーリングを設けて排水して地下水位を下げる手段がとられており、それ以外の手段は殆ど工学的には有り得ても事業化し難い。それ以上の対策となると、巨大な杭や立坑を建設することとなり、JICA パンフレットにも直径 10 m、深さ 50 m、1 基 1 億円以上するような立坑が地すべり対策として紹介されているが、工法の紹介的価値はあってもコスト面から普及するのは難しい。災害発生過程としては、降雨が継続してすべり土塊の上部でクラック（亀裂）が発生、そのクラックが徐々に開いてゆっくりと滑っていくのが一般といわれている。

崖崩れは、無秩序に都市化、スプロール化が進行した日本で、急傾斜地事業として行政による対策が講じられているが、本来は土地利用規制が最も有効である。

土砂災害事業は費用対効果が大きくなりにくいことから、途上国では事業化されにくい。ただしベトナムの例など、少数民族対策や政府の公平性方針などで、あえて事業が進められる例もある。また、高速道路などの重要構造物を守るため、村落に繋がる唯一の道路を確保するため非常に高額な構造物対策が適用される例もある。

人口爆発が起きている中南米では、崖崩れと地すべりが混在し、コロ

ンビアでは 4,000 所帯以上の移転に取り組んでいる場所もある。採石場跡地の急峻な崖の脇まで住宅化が進んでおり、対策を検討しなければならない事例も存在する。崖直下の落石による危険性が非常に高い地域の 20 数件に移転してもらい、土地利用規制を掛けることをした。

　土砂災害のような形態で大規模液状化が発生した例は非常に限られている。2018 年インドネシア・スラウェシ地震で発生した大規模な液状化は、世界で 3 例目、その土砂によって多数の死者が発生したのは世界初である。地震後 30 秒くらいで地面から蒸気が吹き出た。温泉水が噴き出しているという説もあるが、統一見解には至っていない。この地震、液状化、津波による災害での死者は 4000 人以上。
　液状化は、緩い砂成分が卓越した地盤でのみ発生するので、発生場所は限定される。通常は、建設時に液状化防止対策を取る。

4.2.4　2018 年、インドネシア・スラウェシ地震で発生した大規模な液状化。左が地震前、右が地震後（出典：インドネシア国家防災庁 BNPB）

4.3　地震

4.3.1　地震被害の特徴

　地震では死者数が多くなり、洪水では経済被害が大きくなる。地震の死者の殆どがレンガ積みの住宅倒壊に起因しており、2015 年のネパール地震では国家の中枢建物が被害を受けて、仮設テントという安全が確保されていない状況で政府業務を実施、JICA 事務所も撤退してホテルに移転を余儀なくされた。
　2006 年のインドネシア・ジョグジャカルタ地震の被害状況を見ると、

震源地ではボロボロの木造住宅は殆ど損傷がなく、逆に一見こぎれいな
新しいレンガ壁の住宅が倒壊していた。

4.3.1　2006 年、ジョグジャカルタ地震で被害を受けた公共建物（筆者撮影）

　途上国の地震災害支援の際には、乱暴な分類ではあるが割り切って、
建物の安全度のレベルから、Vulnerable（脆弱）Zone、Resilient（レジリ
エント）Zone、Strong（強い）Zone に分けて考えることが多い。

　Vulnerable Zone とは、パンケーキクラッシュ（層崩壊）といった壊
滅的被害が発生し、そこにいる人が皆死んでしまうレベル。

　Resilient Zone は、部分的に崩壊するのみでパンケーキクラッシュは
発生せず、机の下に入るといった避難行動があれば助かるレベル。

　Strong Zone は政府機関の建物、病院、警察など、機能を維持しなけ
れば社会的責任が果たせなくなる建物に必要なレベルである。

4.3.1　仙台防災枠組みにおいてドナーに求めるレベル

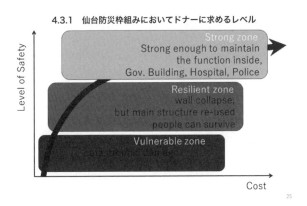

49

4.3.2　途上国相手に自助・共助・公助を論じる際の留意点

途上国で「自助・共助・公助」の議論をすると、「大事なのは自助」という誤解を招いてしまうことがある。途上国側の理解なき自助議論は、行政の責任放棄につながってしまう恐れがある。まずは「公助」である。

行政の政策の優先順位として 3.3.3 でも述べたが、4 つのレイヤーに分けるべきである。

1st レイヤー：社会を維持するための一番上位のもの（政府庁舎、主要な病院など）

2nd レイヤー：ライフライン、幹線道路、行政サービス、サプライチェーンなど

3rd レイヤー：学校、ビジネス、生計施設など

4th レイヤー：民家（ただし脆弱さは個人の資金力に依存する難しさがある）

これらに関して行うべきことは、行政による Urban Plan Land Use（都市土地利用計画）や学校の耐震補強などである。

インドネシア・ジョクジャカルタやネパールのように、地震でパンケーキクラッシュが生じるような脆弱な建物（Vulnerable Zone）で避難訓練を行うことは意味がない。

日本では耐震基準により地震が起きても建物が壊れないから、地震時に机の下に入る効果がある。阪神・淡路大震災のころ、45%の学校でまだ耐震性が不足していたことから、15 年かけてほぼ 100%まで上げた。また、神戸において、何があっても生き残る Strong Government Complex（政府庁舎、病院、学校等）を作り、電気や水も余剰を確保、それでも危険な重要インフラはすぐに補強して二度と被害が起きないように対応してきた。

このような対応こそが行政の責任と役割であり、まずは公助からスタートすべきということを理解すべきである。

4.4 津波・高潮

4.4.1 津波災害の概要と行うべき協力

津波は地震由来であり、一度起こるとその場所で再度起こるのは数十年から数百年、スマトラ津波は 1000 年近い将来となることが特徴である。

津波については、インドネシアの地震空白地帯で施策展開を行うべきで、空白地帯でなら避難訓練をする効果がある。JICA がアチェの津波博物館を支援しても、よほど文化として定着しない限り、いずれ朽ち果てるのみである。日本ですら、和歌山の津波の伝承「稲むらの火」を今さらのようにお金をかけて宣伝しなければならず、外国人が行ってサポートしても効果がない。

途上国において、津波防御の構造物を海岸線に延々と作ることは無理がある。避難道路、避難タワーが現実的であるほか、海岸道路を補強して一定程度の被害減少効果を持たせることは考えてよい。

4.4.2 高潮災害への対策と、相手国行政の実施体制に即した協力の重要性

高潮は津波ほど高い想定ではないので、海岸道路補強が有効ということで、2013 年の台風ヨランダのあと被災地フィリピンで「海岸道路を補強して堤防の代わりにする」と公共事業道路省（DPWH）に提案した。防潮堤だと DPWH の所掌ではない可能性があるので、海岸道路という提案にした。

被援助国の行政の仕組みの中で実施できることを考えて提案することが重要で、理想論（べき論）ではだめである。

4.4.3 地震由来でない津波

インドネシア・スラウェシで発生した津波は、海底地すべり由来である。複数の河口と湾口の海底で、3〜4 km の大きな地すべりが起こっていたと想定される。

学識者支援委員会で「河口の河川土砂堆積が原因なら、土砂が貯まって再発するまでに期間があるはず」と指摘してチェックしていただいたところ、概ね50〜80年の流出土砂により溜まる量に相当した地すべりが起きたと考えられるとのこと。このことから、上流側で砂防施設を作れば津波を防げるのではないかという発想が生まれる。対策には様々なバリエーションがあり、それを検討すべきである。

4.4.3　2018年、インドネシア・スラウェシ地震で地すべりが発生したポイント（スラウェシ地震復興プロジェクトJICA報告書より）

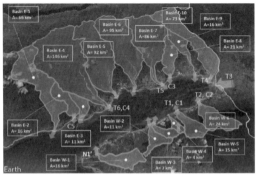

4.5　日本にない、少ない世界の自然災害

　森林火災は、インドネシアやブラジルなど特定のエリアで発生する。インドネシアの樹木は水分を多く含有していて、なぜ燃えるのか不明だが、現実に森林火災は発生している。火災によるデメリットとして、温室効果ガスの発生、二酸化炭素吸収源の劇的消失が加速することが挙げられる。

　モンゴルなどで発生する冷害である「ゾド」とは、降雪量が多すぎて家畜が雪の下の牧草を見つけられずに飢え死にする災害のこと。通常の20 cm程度の積雪であれば、家畜は牧草のにおいを嗅ぎ分け、雪を掘り返して牧草を食べるが、降雪量が1 m程度にもなると牧草のにおいがしなくなり、えさが見つけられなくなる。対策としては、気候予測と牧

草の備蓄くらいしか存在しない。

　国によって懸案事項としている災害はそれぞれ異なり、それに対して我々がどの程度の知見を提供できるかは難しい。個人的には、日本が知見を有さない災害に対して関与することには懐疑的だ。世界銀行やアジア開発銀行などは、全く知見がない分野でも参入しているので、彼らに倣って補助的な項目として関与する選択肢も考えられる。だが、そのように手を広げることで、日本が元々得意としている分野の援助が弱くなってしまうのでは意味がないので、個人的には「さすが日本」と言われる援助を続けるべきだと考えている。

4.6　ドナーとして持つべき視点
常にマルチな視点で

　非構造物対策としては、第一に原因排除のためのリスク削減対策が考えられ、そのためには社会システムの変革や法整備を考える必要があり、土地利用規制が有効な手段となる。

　リスクを受忍して対症療法的な対策をするならば、個人の責任と捉えてリスクのある場所から逃げることが有効だが、純粋な避難行動や避難コミュニティ整備だけではあまりに原始的な対応なので、避難警報、避難タワー、避難道路の整備などを取ることになる。

　FEMA（米国連邦危機管理庁）は、「氾濫原に居住する人口は全体の7%のみであり、そこからは移転、移住するのが適当」という方針をとっており、氾濫原居住者は自己責任で洪水対策を講じるようにとのパンフレットまで作成している。アジア・モンスーン帯に属する我々は、そこまで個人責任を負わせることはできないので、経済発展の基礎となる包括的なインフラ整備をやるべきであり、包括的な対策とは何かを考えなければならない。

　全ての対策アイテムが包括的だと考えてしまうと、弱者救済やジェンダー対策なども含まれてくることになり、対策項目が一気に増えて取り扱いに窮することとなる。とはいえ、社会として何も対策を講じなけれ

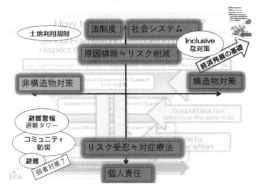

4.6　常にマルチな視点でドナーの役割を考えるべき

ば、例えばパキスタンのように、木製ベッドに子どもを載せてゴミ袋を浮きにして父親が必死に避難している、しかし母親は既に流されてしまった、という事態となる。

　中央政府が上流のダム建設や、人口密集地に沿った堤防建設を進める。その上で地方政府が下流の氾濫多発地域に土地利用規制をかけ、浸水を抑制する土地利用計画（Controlled inundation with land use plan）を準備し、包括的な"社会システムとしてのリスク削減案"を構築する。これがドナーとしての役割だと考えている。

　こういった対策を進めていくことで初めて、SDGs の"Leave No One Behind（誰も取り残さない）"の実現に近づくことができる。思いつきのままの小規模な対策を個別に講じていると、決して包括的な対策にはならない。

技術支援や援助の普及・拡大について

　JICA の援助をいかに被援助国全体に拡散させるか。例えば 2 万のコミュニティのうち 1 カ所サポートしても、0.005％に過ぎず、ドナーの自己満足のレベルである。しかし、実際の被害はコミュニティレベルで発生しており、1 カ所のサポートをいかに普及させてゆくかが問われる。

4.6　援助を国全体に拡散させる方法

(a) Each State has the primary responsibility to prevent and reduce disaster risk.

Central Government Support
1/1=100%

Selected Provincial Government Support
1/30 = 3%

Selected Municipality Government Support
1/500 = 0.2%

Selected Community Based DRM
1/20,000 = 0.005%

How to spread whole country?

JICA respect
"sovereignty"

Support but not
take over the gov. role

Done by
the gov. effort

JICA は被援助国の主権を尊重しつつ中央政府をサポートし、中央政府
が末端まで普及するように働きかけることが原則である。

　行政と国民の契約関係は、税を払って生命を担保するのが原理的な相
互関係であるので、JICA は行政の肩代わりをするべきではない。

5. 気候変動

　気候変動は近年特に日本でも途上国でも避けられない現実問題として浮上している。例えば気候変動による洪水の激化、発生頻度の上昇などはいわゆる intensive event として注目されるが、それ以外にも slow on set event もある。

Slow on set event
　気候変動によって不可逆的にゆっくりと進行している災害（Slow on set event）で、最も危険で深刻ながら、現時点でなす術が無く立ちすくんでいる状態に陥っているものとして、UNFCCC（気候変動枠組条約）では以下の 8 項目が挙げられている。

① Sea level rise（海面上昇）
② Increasing temperature（気温の上昇）→降雨の激甚化
③ Ocean acidification（海洋酸性化）
④ Glacial retreat and related impact（氷河の融解）
⑤ Salinization（土壌の塩害）
⑥ Land and forest degradation（土壌や森林の劣化）
⑦ Loss of diversity（多様性の喪失）
⑧ Desertification（砂漠化）

　これらについては本書では詳細に記述しないが、いずれも深刻な問題である。

気候変動に関する議論の難しさと危うさ
　個人的な意見としては、上記の問題が非常に複雑なことは疑いようがないものの、まだ工夫の余地があると考えている。
　例えばラオスでは、上流での氷河融解により河川水量が増加、発電量

が増加して電力輸出による収入が増加している。その増加した収入を上流の温暖化対策に拠出するような手法もあると考えるが、全く議論されていない。

　気候変動の世界はかなりモラルハザード状態で、気候変動が「儲かる」と考えて、舌を出して待ち構えているセクターも存在する。CBDR（共通だが差異ある責任）を元に、先進国の負担を期待している。そういった部分を明確化、評価して、残った部分にどう対処していくかという議論をしない限り、政策展開は難しい。環境省の検討でもより深い政策議論が必要であろう。気候変動は、途上国では非常に悩ましい問題である。

気候変動論議によるモラルハザードのリスク

　国土交通省の試算（「気候変動を踏まえた治水計画のあり方」提言、2021年4月改訂）によると、日本では100年確率から200年確率レベルの計画洪水流量レベルで見た場合、気候変動により約1.2〜1.4倍の洪水流量の増加が見込まれる。一方途上国では殆ど治水対策が講じられておらず、自然河川の状態だと3年から5年に1回は氾濫する程度の河川も多い。このような河川は、災害と貧困の負のスパイラルから抜け出すためにも、円実的リスク低減の視点からも、政策としては気候変動を入れて100年確率程度を目指すべきであろう。その目標達成のために政策的合意を得るのに時間がかかり、また気候変動モデルの流域毎のダウンスケーリングなどが無く、それらの入り口論で時間がかかり、その間に都市化が進行、リスクがさらに高まるような場合には、現実的に早期のリスク低減の視点からも、暫定的に30年確率程度までの治水事業を優先実施しつつ、将来像を議論するのも一方法である。

　一方、近年の気候変動議論の高まりにより、当該河川での将来の気候変動増加分を議論するあまり、直近の課題がおろそかになり、いつまで経っても入り口論だけの議論で堂々巡りをして、結果的に事業が進捗しないケースも起こり始めている。また10〜15%程度の増加分の議論を冷静に行う以前に、気候変動の責任論や気候変動を考慮するかどうか、

わずか 15% の増分議論により all or nothing の衝突によりモラルハザードを起こすことも多い。全地球レベルの気候変動モデルの結果はあっても当該河川の流域レベルにまでダウンスケーリングした気候変動予測モデルを検討することが途上国にとって困難なことも、これを助長している。

　一方、ヨーロッパ諸国では日本のような氾濫ポテンシャルのある河川が少なく、気候変動による増分も少なく、且つ遊水効果を確保できるエリアも多いため、気候変動を取り込んだ計画を再樹立し、気候変動対策については圧倒的に経験がある。

　この章は、日本の経験が打ち出せる治水、特に洪水についてみていく。

5.1 欧米の気候変動を見越した事例
5.1.1 欧米と日本の気候変動対策の歴史
　国土交通省は、国土技術政策総合研究所（国総研）に気候変動の研究本部を作って全体を見る基礎研究を行い、その上で国内の政策展開を図ろうとした。余談だが、組織が新しい事を検討しようとするときには、部署を作らないとできない。部署を作ると、任命された人は必死になって成果を出そうとするので、検討が進みやすい。

　この研究本部が、2017 年に河川分野の気候変動をどう扱うかというプロジェクト研究報告書を作った。この報告書で欧米の例が概観されている。

　2000 年に EC で「水枠組指令」というのを出している。1998 年ごろにも EU 指令というのが出されており、「全部の川を見直すべし」という内容がみられる。2001 年には「水枠組指令共通戦略」が出されている。2001 年に IPCC（Intergovernmental Panel on Climate Change；気候変動に関する政府間パネル）の第 3 次評価報告書、2007 年に第 4 次報告書が出されている。

　北海の海面上昇の影響で国土が水没する危険があるオランダと、大都

（「河川・海岸分野の気候変動適応策に関する研究」より）

表・図1.1　気候変動への対応に係る各国の動き（年表）

	IPCC	EC	イギリス	オランダ	米国	日本
2000		水枠組み指令				
2001	第3次評価報告書	水枠組み指令共通実施細則		マースプロジェクト（マース川の計画流量引き上げ）		
2002			TE2100プロジェクト開始 流域洪水管理計画（Flood Management Plan）			
2003						
2004			Making space for water			
2005					ハリケーンカトリーナ（死者1,200人以上）	
2006			スターン・レビュー 計画政策声明「開発と洪水リスク」「洪水・海岸防御評価指針 気候変動影響 増し細則による各経済評価の補正」	河川空間拡張方針（Room for the River）（ライン川の計画流量引き上げ）国家気候変動・空間戦略プログラム		
2007	第4次評価報告書	洪水指令	夏期災害（7月）過去60年間で最悪の洪水（14万世帯、35万人以上が被災）	国家気候適応・空間計画戦略		
2008			気候変動法2008「Future Water」「2007年洪水から学ぶこと」			水災害分野における地球温暖化に伴う気候変化への適応策のあり方について（社会資本整備審議会）地球温暖化に伴う水災害に及ぼす影響について（国土交通省）「地球温暖化影響を考慮した...適応策に関する...提言」
2009	気候変動下の河川流域管理		イギリス気候変動予測プロジェクト	新水法 国家水計画	オバマ大統領就任（環境、エネルギー及び温暖化における連邦の統率力）	日本の気候変動による将来影響（文部科学省・気象庁・環境省）

2010			洪水及び水管理法 計画政策声明「開発と洪水リスク」改定	新デルタ法 デルタプログラム開始		
2011						気候変動下における水・土砂災害適応策の深化に向けて（日本学術会議）
2012	気候変動適応のための極端現象・災害に係るリスク管理に関する特別報告書		TE2100計画承認 全国計画政策枠組み、及び技術指針 気候変動リスクアセスメント	新デルタ法発効	ハリケーンサンディ（死者132名・米・カナダ）	
2013	第5次評価報告書		国家適応プログラム（NAP）		大統領気候行動計画 USACE海面上昇度考慮手法技術基準	中央環境審議会地球環境部会気候変動影響評価等小委員会設置
2014			デルタ決定（Delta Decisions）内閣提出		全国気候変動影響調査	日本における気候変動による将来影響の報告と今後の課題について（中間報告）（中央環境審議会小委員会）
2015			国家水計画（National Water Plan）決定	気候変動影響を考慮した基準水位の設定に係る大統領告		水災害分野における気候変動適応のあり方について（社会資本整備審議会）気候変動の影響への適応計画（閣議決定）

市ロンドンが影響を受けるイギリスが、気候変動対策には先行して携わってきた。

　オランダでは、2001年にマース川の計画流量を引き上げるプロジェクトを開始。2006年に河川空間整備方針（Room for the River）という国家気候変動・空間戦略プログラムを立て、ライン川の計画流量を1000年から3000年に、北海堤防は3000年を1万年にしようと検討した。2010年には新デルタ法を作り、ライン川河口の三角州を守るためのデルタ・プログラムを開始している。このころからオランダはデルタ・アライアンスを作り、アジア含む世界中の国々を呼び込んでいる。日本も

水フォーラムの関係でオランダとは非常に関係が深かったので、国土交通省がデルタ・アライアンスに入っている。

イギリスでは2006年、気候変動の経済的影響をまとめたスターン・レビューというのが出され、テムズ川についての議論があった。

アメリカは、2005年のハリケーンカトリーナで対策検討が始まり、オバマ大統領が気候変動に関する大統領令を出したのが2009年。2012年にハリケーンサンディの被害を受け、より気候変動対策を推し進めることになった。

河川法の見直し

河口部に大都市がある日本も、いち早く検討すべきだったが、対応はヨーロッパに比べ遅れ気味である。

1997年に河川法を変えて河川の整備計画制度を見直し、「河川整備基本方針」と「河川整備計画」を導入した。以前は、河川計画は「工事実施基本計画（工実）」だけだったが、それを基本方針と整備計画の2つに分けて実施していくことになった。

それまでの「工実」では、河川整備の内容が詳細に決められておらず、将来の目標はあるものの、どうやって目標まで持っていくのか、いつの時点でその目標が達成できるのかという具体的な川づくりの姿が明らかとなっていなかった。表向きには、工事の目的を治水・利水・環境と言っていたが、3つが同じバランスで検討されておらず、河川環境や住民合意に関する対応は曖昧だった。

そこで作り直された「河川整備基本方針」と「河川整備計画」は、まずは重要な一級河川について、環境も含めて全体を見直し、段階施行の検討をした上で、流域委員会をつくって皆の合意を得るという内容である。しかし、治水に関しての内容は以前とあまり変わっていない。

そこから10年経った2007年、日本でも一定程度のレベルまで来たので、ようやく気候変動の議論も行うようになり、「水災害分野における地球温暖化に伴う気候変化への適応策のあり方について」と題した社会

資本整備審議会の答申が作成された。これは途上国支援でいうと国家防災計画にあたるもので、日本の根底を支える社会資本インフラはどうすべきかを決めるものである。

　2011年には「気候変動下における水・土砂災害適応策の深化に向けて」を日本学術会議が提案している。"学術"というのがポイントで、これが"行政"の方針に落ちてくるにはまだあと10年かかることになる。

　こういった過程を経て、2015年に「水災害分野における気候変動適応策のあり方について」（社会資本整備審議会答申）が出た。

5.1.2　欧米の具体的な事例
英国の事例　テムズ・バリア
　前述の国総研の報告書から、日本以外の対策の例を紹介する。

　ロンドンでは、テムズ川の河口にテムズ・バリアという構造物があり、ロンドンを守っている。そこにおける外力はどう設定するのか、外側の海の海面上昇・高潮の高さをどこまで設定し直すか、英国における土地の開発規制にかかわる洪水リスクの考慮方法など、さまざまなことが検討されている。

　テムズ・バリアは1953年の高潮による大被害を受けて作られた。中世の鎧のようなデザインが有名で、その丸いゲートは、船を通すために普段は水中にある。

　テムズ川では気候変動による2100年までの高潮位の増大量について、最悪のシナリオとして2.7mの上昇を想定している。この内訳は、万年雪の融解及び海水の熱膨張による海面上昇量が2m、高潮の強大化による上乗せ量が0.7m（再現期間5年の高潮に対応）。万年雪と海水の熱膨張で2m上昇とは驚くべき数字であるが、北海が深いので、日本よりも上昇量が大きいと思われる。なお、以前は最悪シナリオとして4.2m上昇としていたが、万年雪の融解の想定を変え2.7mに減らした。

＜ハザードマップと土地利用規制＞

　繰り返し述べるが、すべてのものには階層構造があって、大事なものから卑近なところまできちんと構造を考えなければならない。英国は、浸水に対する脆弱性とそれに対応する土地利用について階層構造で検討している。土地利用規制を、必須インフラ／特に脆弱／より脆弱／あまり脆弱でない／浸水と両立できる開発、という段階に分けて対応している。

　例えば、必須インフラに対する土地利用としては、「当該リスク区域を横断しなくてはならない必須交通インフラ」「運用上の理由により当該リスク区域に設置せざるを得ない必須公益施設（発電所、風車」）など、脆弱性、壊れやすさ、社会的な重要度などに応じてカテゴリーを分けて土地利用規制をしながら対策を行う。実際の遵守程度は不明だが、当たり前のことが当たり前に主張されている。

5.1.2　**英国の土地利用ごとの浸水に対する脆弱性（国総研プロジェクト研究報告第56号「河川・海岸分野の気候変動適応策に関する研究」より）**

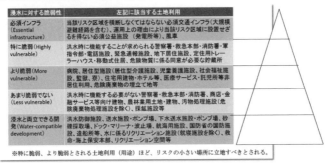

オランダの事例　デルタ・プログラム

　オランダのデルタ・プログラムは、途上国に適応可能なところもあると思われる。

　オランダの最高標高はドイツ国境の300mぐらいのところで、基本的に低地である。オランダがどのように国土を作ってきたかというと、

海側の海中に堤防を築いて、内側の海水をドライアウトし、雨が降って塩分が地下に染みていったあと、30 年ぐらいたったら牧草地として使えるというもの。これが干拓である。埋め立てとは違う。

　風車は内水ポンプである。穀物を挽くわけではなく、風で北海の水を外に出す役割がある。このようにオランダは、国土の安全性を高める努力を継続的にやってきた。

　オランダの主要河川の洪水対策は、確率年が 1250 年に 1 回、国土中枢部の高潮対策は 1 万年に 1 回、中間の湾の高潮対策は 2000 年、4000 年に 1 回である。

　この数字を見た時に日本人はショックを受ける。1 万年と 1000 年で高潮の高さの違いは 5〜15 cm ぐらい、いっても 30 cm で、それほどの違いはない。日本では 100 年に 1 回レベルの治水対策が十分できずに 50 年に 1 回の整備計画を必死になって検討しているときに、オランダでは、4000 年、1 万年と言っている。これを聞くと、途上国はオランダのデルタ・プランになびいてしまう。

　だが、虚心坦懐に考えてほしい。オランダがこのようなことをするのは、将来にわたって必要となる洪水リスクを管理するため、そして淡水確保のためである。対策にはコストも相当にかかっている。

＜ジャカルタ・デルタプラン＞

　オランダは、インドネシア・ジャカルタの地盤沈下対策を含めて、湾口を仕切るジャカルタ・デルタプランを提案している。オランダと全く同じ方法をジャカルタに適用するプランである。これは、下水すら十分に整備されていない場所で行われ、その水質管理などについて疑問があり、JICA の見解と真っ向からバッティングしている。JICA は東京の江東地区の事例・経験から、地下水に替わる代替水源の提供と抱き合わせでしか地盤沈下は止められない、というスタンスで支援中である。ジャカルタでは、オランダと日本の支援がパラレルで起こっている。オランダは自国でやってきた対策がアジアでも有効だろうとして、そのまま適

用しているとしか思えない。

5.1.2 湾口を仕切るジャカルタ・デルタプラン

(出典 https://www.waterfrontsnl.com/project-jakarta/)

＜Room for the River＞

5.1.2 オランダの Room for the River プロジェクト

(出典 https://https://www.youtube.com/watch?v=S-XiKyv9GE)

　オランダでは、堤防に囲まれた堤内地の居住地において、地盤低下が進むリスクを抱えている。高い堤防に囲まれた狭い空間に河川を押し込めてきたことがリスク増大の原因ということに着目し、堤防強化によるリスク増大を打ち破り、安全かつ住みやすい環境になることを理念に、河川空間整備方針である「Room for the River」計画を策定した。

　引提などによって河川空間を拡大することが、プロジェクトの中心となっている。引提というのは、川幅を 100 m 広く、例えば江東地区だと 100 m の区間で家を買収して、堤防をその分引くということである。これは人口が密集する日本では無理であろう。

90 年代、著者がオランダでヒヤリング調査したところ、牧草地の遊水池利用の方がメインだった。それで対応できるのはせいぜい水位差5 cm だと思っていたが、5 cm で 3 千年確率から 1 万年確率に対応できるレベルになるということなので、それはそれで有効である。日本は100 年確率から 500 年確率程度にレベルを上げるとすると、1 m ぐらい水位が上がってしまうケースがあるので、とても対応できない。それぞれの国に最適な方法を探すしかない。

アメリカの事例　ミシシッピー川
　ミシシッピー川のような大きな川は、もともとの計画が可能最大洪水を前提にしており、起こりうる最大の降雨を計画対象にしている。気候変動によって可能最大洪水は上がるが、元々最大までみているので、余剰分はそれほど大きくない。
　農地堤防、都市堤防として、水系一環で川全体の治水計画を立てており、農地だけしかないところでは 50 年に 1 度、都市部では 100 年に 1 度という堤防で分けているので、最初に破堤するのは農地部である。リスクと起こるダメージに応じて被害が最小になるように、しっかりと計画を立てている。

5.2　日本の気候変動と治水事業の例
5.2.1　現状把握マッピングから政策展開へ
　5.1 で述べたとおり、国土交通省は国総研に気候変動適応対策本部を設置して、今日の政策のベースとなる基礎固めを行い、2017 年に報告書を作成した。
　この報告書の目次を見た瞬間に、著者はショックを受けた。いきなり「残余リスク対処への重要性」という項目が出てくる。気候変動を考慮して計画の見直しはどうあるべきか、といったことはどこにも書いておらず、いきなり、気候変動で対処すべき事は「残ったリスクである」と書かれている。

　現在我々が置かれている社会環境、少子高齢化との絡み、これまで築堤方式で治水対策してきて今更なにもできない、という要因があるのはわかるが、ありとあらゆる手を打って、それでも対処しきれないものが残余リスクである。計画変更ではもう成すすべがない、と諦めていることが示唆される。

　報告書では各国比較が行われており、我が国は諸外国と比較して低い整備水準であるとしている。オランダの高潮計画は1万年計画で1985年に完成済み、イギリスのテムズ川整備は1000年計画で1963年に完成、アメリカミシシッピー川が500年計画で達成率89%、フランスのセーヌ川は100年計画で1988年に完成。日本は、とりあえず30年から40年洪水の計画をやってきて、2006年に達成率は60%。日本の治水安全度は非常に低いと言える。

5.2.1　治水安全度の確保状況。日本は各国と比較して低い（国土交通省の資料より）

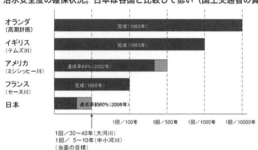

　これを踏まえて、国交省の検討委員会が作られ、「気候変動を踏まえた治水計画に係る技術検討会」が立ち上がり、ウェブサイトも作られている。「今後の治水対策のあり方に関する有識者会議」がつくられ、さまざまな検討をしている。

　そこで出された「気候変動を踏まえた治水計画のあり方　提言」を見てみよう。日本全国で今後どのぐらい降雨量が増えていくかという予測を行っている。日本では気候変動の影響で、気温が4℃上がった場合の降雨量は1.2倍、北海道と九州の一部で1.4倍に増えると記載されてい

る。ここから、インドネシアなどアジア諸国の降雨量も想像することができる。

5.2.2　気候変動を踏まえた治水計画の考え方

気候変動を踏まえた治水計画は、降雨量等の外力の増加を、現在の計画や考え方に直接反映するとともに、外力が増加した場合にかかる追加コストの大きさ等にも配慮しなければならない。

日本では、多くの河川の河川整備計画の目標は、河川整備基本方針の目標と比べると、相当低いところに留まっている。まずは速やかに現在の河川整備基本方針に向けた整備を加速することが優先である。

気候変動予測には不確実性があり、予測結果は将来見直される可能性もあるので、河川整備基本方針も順次見直すことが望ましい。河川整備基本方針の策定後に大規模な洪水が発生して基本高水のピーク流量を超過した場合や、河川整備計画を検討する過程でダムと河道の配分流量を変更する必要がある場合は、順次、変化倍率を活用することなどにより、気候変動を踏まえた基本高水のピーク流量を設定するべきである。河口部の海面上昇は出発水位であり、例えば 60 cm 上がったら堤防も確実に60 cm 上げないと堤防が持たない。気候変動で雨が 2 割増しになる分は、整備基本方針に付加することが筋である。

現状は、気候変動増分の施策以前の段階であり、欧米のように目標値を上げられず、氾濫を前提とした施策を導入せざるを得ないのであろう。現在の堤防を強靭化し、あふれても破堤しないようにする。越流した場合も、氾濫先の被害を小さくする。日本では、こういった総合的な対策をやっていくしか手がないということなのだろう。

「流域治水」への方針転換

2020 年 7 月に出た「気候変動を踏まえた水災害対策のあり方について」という社会整備審議会による報告書では、「過去の降雨や高潮の実績に基づいた計画を、将来の気候変動を踏まえた計画に見直す」ということ

と、「流域治水」（気候変動を踏まえた総合的かつ多層的な水災害対策）に転換するという方向性が述べられている。流域治水は、いわゆるかつての総合治水政策とほぼ同じものと著者は見ている。

　この報告書では、被害軽減のための水災害対策の考え方が示されてい

5.2.2　流域治水への転換（国土交通省の資料より）

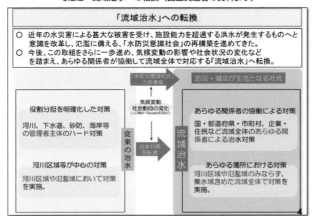

5.2.2　流域治水のイメージ（国土交通省の資料より）

る。平時→発災前→発災後→復旧・復興という各段階でどのような対応・対策をとるかということや、早期の復旧・復興（レジリエンシー）についても強調されている。

　だが、もし利根川が破堤して東京に影響があれば、レジリエントな復旧・復興はあり得ない。著者の経験では、2011年の洪水の際に、例えばバンコクでは破堤しないよう長さ80km、高さ20mの堤防を軍隊に作らせて1ケ月持ちこたえさせるという事を至上命令にして行い、やっとバンコクは守られた。あれが破堤してしまったらレジリエントはあり得なかった。日本では、農地堤防と都市堤防を分けて、影響が少ない地域で被害が出るようにするということは言えないので、一律に早期の復旧・復興を前提とした対策を取らざるを得ない状況になっている。

　また「気候変動の影響による降雨量の増大、海面水位の上昇などを考慮すると現在の計画の整備完了時点では、実質的な安全度が確保できない恐れがある」と述べられている。そこで、防災・減災が主流となる社会を目指すという議論が出てくる。

流域治水は知事が主張すべき施策

　著者の本音としては、「河川整備基本方針達成への努力こそが河川管理者の責務ではないのか、流域治水は知事が求めることはあっても河川管理者の施策ではないだろう。」という思いがある。今まで治水で守ると言ってきたのに、これからは、守れないから、皆一緒に被害を最小化しましょうという考え方になった。そりゃないだろう、国土をこういう形にしておきながら、という思いがある。国土開発計画を作った時から、こういうことを見すえるべきだった。

　気をつけてほしいのは、途上国ですぐに流域治水のことを持ち出さないでほしいということ。日本では、やむなく築堤で対策を行ってきたが、今は流域治水しか方策がない、ということだ。日本の経験はすべて正しいわけではない。

5.2.3 日本の流域治水、仙台防災枠組での JICA の進める地方防災計画との違い

日本が目指そうとしている流域治水と、仙台防災枠組で JICA が進める地方防災計画は、似ているように見える。途上国でSカーブの左下からやっていることと、日本でSカーブの右上でもうやれることがない状態と、殆ど同じだ。

5.2.3 投資と効果の「S カーブ」

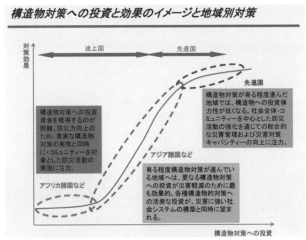

しかし、本質的な違いがある。それは、基礎体力としての防災投資のストックの有無である。

3年に1回氾濫が起こる場所で流域治水の議論をするのと、50年までの堤防があって破堤するまでの間に経済成長で国富が蓄えられる状況にある場所とでは違う。国富があって、破堤した時にリカバーできる体力を高めていく必要がある。国富のない社会の場合、産業集約度が低い地域でレジリエンスのために流域治水を取り入れるとすると、お金だけあって意識が低いというモラルハザードが起こるというパラドックスに陥る。

3章で述べた、一つひとつの被害は小さいが高頻度に起こる Extensive

event に対しては構造物対策を行い、低頻度だが一度起こると被害が甚大な Intensive event に対しては非構造物対策でいかざるを得ないということ、これが国交省のいう流域治水と同意である。本来は、今のような都市構造を作る前にやっておかなければならなかった事だが、作ってしまってからやっているので、効果は低い。けれども、今はこれしかないので、流域治水に転換せざるを得ないのだろう。

　事前予防投資の範囲は、社会の成熟度と暗黙の合意 Civil Minimum によって決まる。非頻繁に起こる Extensive Risk とめったに起こらない Intensive Risk の境界線で、どこをリスクから守るゾーン（Protect Risk Zone）とし、どこを残余リスクゾーン（Residual Risk Zone）とするのかが決まる。20 年前にマニラで提案したのは、30 年確率の治水マスタープランだったが、フィリピン側はその後社会の成熟度も高まり、気候変動も考慮して 100 年確率とし、上流のダムで気候変動分に対応することになった。

5.2.3　リスクから守るゾーンと残余リスクゾーンは Civil Minimum によって決まる

　同じ国の中でも、未開発の郊外（Primitive Rural area）、開発中の都市近郊（Growing Local urban area）、成熟した都市部（already mature area）、また低所得（Low income）、中所得（Middle income）、高所得（High income）な国々とで、治水支援の需要が違う。テイラー・メイドな防災対策が必要である。

　防災投資がされていない未熟な国では、最低限の防災投資をしなければ、高頻度で起こる洪水への対応やSDGsの達成は夢のまた夢である。そういう国ではまだまだ圧倒的に構造物対策へのニーズがあり、その中で気候変動の要因が1割乗ろうとも、支援の方針に変わりはない。一定の防災投資がやっと達成できた日本のようなところでは、気候変動の増分に対して構造物対策では対応できないので、悩ましい現状となっている。

5.2.3　最低限の防災投資をしなければ Extensive な災害も防ぐことができず、SDGs も夢のまた夢

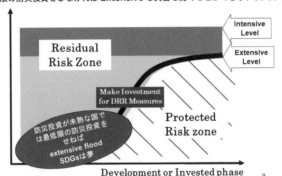

5.3　アジア・モンスーンの途上国では気候変動をどう扱うべきか

5.3.1　気候変動をどのように考慮するか

①気候変動分の上乗せ

　温暖化すると、同じ外力でも安全度が低下する。100年計画の安全度が、温暖化時には50年計画とほぼ同程度になってしまう。安全を確保するには、気候変動分のプレミアム（水増し）をどう対策するのか、という議論が出てくる。

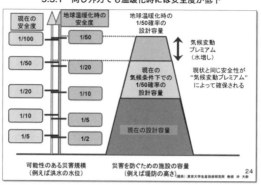

5.3.1　同じ外力でも温暖化時には安全度が低下

②気候変動モデル

　気候変動モデルによる予測を使って、降雨変動予測に変換し、対象地域で使いやすいようにダウンスケールする。IPCC 第 4 次報告書で採用された気候変動モデルはたくさんある。

5.3.1　IPCC 第 4 次報告で採用された気候モデル一覧（国総研プロジェクト研究報告第 56 号「河川・海岸分野の気候変動適応策に関する研究」より）

センター名	国	モデル名	解像度	使用モデル 現在気候	使用モデル 将来気候(A1B)
Beijing Climate Center	China	CM1	2.5°		
Bjerknes Centre for Climate Research	Norway	BCM2.0	2.8°		
Canadian Center for Climate Modelling and Analysis	Canada	CGCM3T47	3.75°	○	○
		CGCM3T63	2.8°		
Centre National de Recherches Meteorologiques	France	CM3	2.8°	○	○
Australia's Commonwealth Scientific and Industrial Research Org	Australia	Mk3.0	1.875°	○	○
Max-Planck-Institut for Meteorology	Germany	ECHAM5-OM	1.875°	○	○
Meteorological Institute, University of Bonn	Germany				
Meteorological Research Institute of KMA	Korea	ECHO-G	3.75°	○	○
Model and Data Groupe at MPI-M	Germany				
Institude of Atmospheric Physics	China	FOALS-g1.0			
Geophysical Fluid Dynamics Laboratory	USA	CM2.0	2.5°	○	○
		CM2.1	2.5°	○	○
Goddard Institute for Space Studies	USA	AOM	4°	○	○
		E-H	5°	○	○
		E-R	5°	○	○
Institute for Numerical Mathematics	Russia	CM3.0	5°	○	○
Institut Pierre Simon Laplace	France	CM4	3.75°	○	○
National Institute for Environmental Studies	Japan	MIROC3.2-H	1.125°	○	○
		MIROC3.2-M	2.8°	○	○
Meteorological Research Institute	Japan	CGCM2.3.2	2.8°	○	○
National Centre for Atmospheric Research	USA	PCM	1.4°	○	○
		CCSM3	2.8°	○	○
UK Met. Office	UK	HadCM3	3.75°	○	○
		HadGEM1	1.875°	○	○
National Institute of Geophysics and Volcanology	Italy	SXG 2005			

1°=赤道付近約110km、日本付近約90km

③ダウンスケーリング

　大メッシュから、流域単位の実用的なレベルに落とすダウンスケールが必用である。IPCC レベルの大メッシュでは、日本をみた場合でもモデルごとに大きく差がある。メッシュの違いにより、スケールだけでな

く傾向の違いも出てしまう。大メッシュでは地形による降雨の増大効果が十分反映されない場合もある。

5.3.1 大メッシュの GCM20（左）と小メッシュの RCM5（右）による降水量分布の比較。ダウンスケーリングの必要性がわかる（国総研プロジェクト研究報告第 56 号「河川・海岸分野の気候変動適応策に関する研究」より）

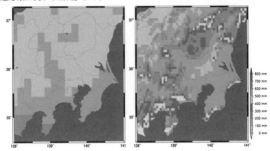

　温室効果ガスの排出量変化の予測についても、将来シナリオがいくつかある。

　気候変動をふまえた整備水準を将来どうするかについて、政策展開に持っていくにあたり、日本では「河川整備労力」という言葉も使われるようになった。河川整備にどのくらいのコストがかかるか、ということだ。日本は気候変動分を追加することが可能かどうか、コストの議論をしている。欧米では、可能かどうかの議論は 10 年前に済んでおり、上乗せした分の対策を進めている。日本では暴露（Exposure）との関係で、人口動態シナリオや氾濫原の変化シナリオを、人口減少と少子高齢化、一極集中化等、さまざまなモデルで検討している。日本のこれからの閉塞化した社会で、気候変動をどう凌いでいくか、国交省はきちんとモデルで予測して、そのうえで政策転換をはかっている。

　途上国でも、その地域の将来発展計画を考慮することが必用である。どこをどのように開発したいのか、人口は何倍になるのか、それに応じて堤防にするのかダムにするのか放水路にするのか等を決めなければならない。降雨の確率計算をして流出量を出して終わり、ではいけない。

5.3.1 気候変動予測から政策展開への模式図（国総研プロジェクト研究報告第 56 号「河川・海岸分野の気候変動適応策に関する研究」より）

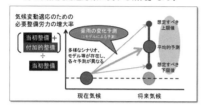
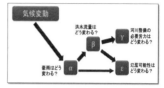

＜気候変動モデルについて＞

　大気循環モデル GCM（General Circulation Model）は、大気・海洋・陸地・雪氷などの変化を考慮し、気候状態をシミュレーションして、将来の気候条件を評価するものである。GCM は地球全体を計算対象としていて、一部の地域に絞って計算を行うモデルは、領域気候モデル（RCM：Regional Climate Model）という。RCM は計算対象が限られた領域であることから、GCM よりも高解像度で詳細な計算が可能だが、GCM の計算結果を前提としているためその影響を大きく受ける。

　バイアス補正とダウンスケーリングについて、GCM には誤差（バイアス）が含まれており、その誤差を取り除く（補正する）必要があるというのが GCM の特徴のひとつである。GCM のグリッドサイズは大きく、100〜200 km 程度になるため、各流域で検討するためにはダウンスケーリング（グリッドサイズを落とす）が必要になる。

　ダウンスケーリングの方法として、「統計的ダウンスケーリング」と、「力学的ダウンスケーリング」があり、"力学的"は、GCM の出力結果を初期条件・境界条件として RCM に入力してダウンスケーリングを行い、モデルで出た結果を、さらに違うモデルで小さなメッシュにするという方法。"統計的"は、GCM の荒いスケールと地上観測データを、統計的な関係を用いてダウンスケーリングをしていく方法。"力学的"方法はスーパーコンピューターを使用するため、計算できる期間が限られており、コストがかかるという点がデメリットであるが、過去起こっていない状況（リスク）を予測することができる。"統計的"は観測デー

タがあれば、その統計的な関係性から予測が導けるのでスーパーコンピューターが不要である。ただ、過去との統計的な関係での検討であるため、今まで起こっていない状況は再現することができない。いずれにせよ、自国で計算できるように支援しないと、後々困ることになる。

温暖化ガスの排出シナリオについて、IPCC の 5 次報告では、温室効果ガスの濃度によって RCP（Representative Concentration Pathways；代表的濃度）2.5、4.5、6.0、8.5 を想定し、それぞれ気温の上昇率が厳しくなっていくシナリオを描いている。どのシナリオを使用するか、為政者が詰めていかなければならない問題となる。

IPCC4 次報告のときに使用された SRES という排出シナリオには A1、A2、B1、B2 とあり、気温上昇量と社会状況（経済成長度、地域格差など）を考慮したものである。

5.3.2　支援対象国の治水レベルをどうするか

JICA の支援以外には治水投資をしていない国が殆どである。最も優等生のフィリピンでも、マスタープランがあるのは JICA が支援した川くらいといわれている。堤防がある国はさらに珍しく、イギリスが統治したパキスタン、スリランカ、オランダが統治したインドネシア、JICA の支援したフィリピン，日本が統治した時代に整備した台湾や韓国などに限られる。しかし、各国とも、気候変動を考慮するのが今のトレンドである。

海面上昇は、最下流部の洪水の水位に直接影響するため、河口部を出発水位として設定するのは非常に重要である。流域ごとの将来降雨予測は、モデル分析やダウンスケーリングが毎回必要である。たとえば、フィリピンは比較的先進的で、フィリピンの気象庁 PAGASA は流域向けのモデル、ダウンスケーリングを独自に解析可能だとしている。しかし、これを小メッシュで再計算してみたところ、大メッシュでは降雨減少する予測だった川が、小メッシュでは増大する結果になってしまった。

2016 年 2 月に著者は UNISDR（国連国際防災戦略事務局）主催の世

界防災科学技術者会議で、科学技術の議論と実行政のニーズの乖離を指摘した。殆どの防災の実学は実用レベルに来ている一方で、一番必要なのに実用化できていない分野は以下である。

・気候変動の確実な計画上の予測値の提示
・予防防止投資の政策的加速研究（operational research）：どうしたら予防防災投資を引っ張ってこられるかという政策のプラクティカル研究があまりになさすぎる。数字と計算を回して終わりではない。
・衛星情報の有効活用：顔認識ができる時代に、長物インフラの被害判定もできない。

5.3.3　フィリピン・ダバオ市治水対策マスタープラン策定プロジェクトの事例

JICA ではフィリピン・ダバオ市と、気候変動を見越した 100 年確率洪水に対応した計画を作った経験がある。その事例を紹介する。

当初は、IPCC（気候変動に関する政府間パネル）での最新の情報・既存の調査・研究の情報の収集及び分析を行い、最新の検討状況を踏まえ、「気候変動への適応の観点からの検討を行う」と書いてあり、「気候変動を見越して計画する」とはどこにも書いていなかった。著者は、気候変動を見越すと言い切るべきと指摘し、フィリピンの気象庁 PAGASA に修正を頼んだ。

当初の予測では、気温は 1.2℃上昇するが降雨は減少、平均海面は 0.2 m 上がる予測だった。しかし、PAGASA がダウンスケーリングで再計算したところ、降雨は増えるという結果になった。気候変動を考慮しない場合、10 年に 1 回の規模なら 1,500 m³/s、50 年に 1 回の規模で 2,400 m³/s、100 年に 1 回の規模で 2,900 m³/s、気候変動を考慮すると、100 年に 1 回の規模で 3,400 m³/s になる。

対策可能な案については、気候変動を考慮しない場合のバリエーションに加えて、気候変動を見越した案も検討した。どちらにせよ、もはや単純な治水対策だけでは無理なので、片側だけ河道を広げる、湾曲部を

埋め立てて都市計画とペアで移転計画を立てる等を提案した。

5.3.3 フィリピン・ダバオ川は河道を広げ、下流でのカットオフを導入（JICA 報告書より）

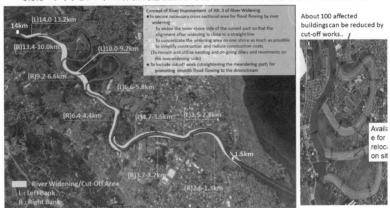

これからの治水は、都市計画とペアでやらなければならない。埋め立てれば移転用地ができる、コストは結果的に節約できる等、市長に夢を与えるような都市計画の付加価値をつけて、気候変動と「抱き合わせ」でやってもらうのが良い。それが SDGs にも繋がる。

5.3.3 カットオフと合わせて提案する都市開発の例（JICA 報告書より）

5.3.4　途上国でどう扱うべきか　まとめ

あくまでも現時点での著者自身が思う「妥協案」であり、ケースバイケースで決めていかなければならない。

① 確率評価の扱い方

支援としては、将来を見据えて Flagship プロジェクトとして、気候変動を見込んで100年確率程度の高い目標を掲げるべきであろう。

10年規模の治水対策すらない所で気候変動の上乗せの量的議論に拘泥して、モデルの議論や目標レベルの入り口論で紛糾し政策実行の停滞を招くことが多い。学術的には当然いろいろな可能性があり、常に増大方向とは限らないからである。

しかしながら、殆ど治水投資の出来ていない途上国では上乗せの是非で紛糾する場合は、まずは気候変動を考慮は当然として、被害ポテンシャルの高いエリアは最低でも気候変動込みで30年確率の計画を最低限対象とし、早期の対策実施を優先すると割り切ることも現実的な時もある。

例えば、マニラのマリキナ・パッシグ川の当初のマスタープランは30年確率の計画だったが、フィリピンの方針変更で100年確率で計画することとなり、ダムなどでカバーしたのは現実的な選択である。

ただし、実現できない最終形を安易に"当面と将来"などとして提案すべきではない。

② 全球モデルとダウンスケーリング方法

流域ごとに毎回ダウンスケーリングをしているとコストが高くなり、先方政府が将来、自力で検討不可能となる。国ごと、あるいは流域ごとにまとめて検討し、個別流域はユーザーとして利用するというような方向にもっていくのが一番良い。

ダウンスケーリングのモデルの在り方も検討する価値がある。モデルとスパコンの発展で、恐らく5年先には状況は劇的に変化するのではないだろうか。

支援国のアカデミアも、当該国のアカデミアと協力して、国ごとに氾濫被害ポテンシャルの高い流域から網羅的にダウンスケーリングを実施

し、政策誘導するくらいの俯瞰的アプローチも必要である。

③　降雨の扱い方

観測の重要性は変わらない。逆に観測実績のないエリアでは、割り切れば気候変動前後もモデリングが優位になるのではないか。

④　出発水位としての海面上昇の扱い方

あらかじめシナリオ上昇量を採用するのが妥当。

⑤　堤防の有無と計画高水位の決め方

なるべく堤防高を低くし、土地利用規制、放水路などの用地確保を早い段階で計画提示していく。ダムは治水、渇水共に有効な施設である。

5.3.5　日本の実績・知見を背景に支援するというのはどういう意味か

ほかのドナーに比べて JICA に比較的優位があるのは「要素技術」である。マルチドナーは受注するコンサルタントの国籍、技術に支配されるが、JICA は国内技術を活用できる。

日本の治水政策そのものは、当時の日本の経済状況、都市化、人口増加などの社会情勢に応じて、やれる範囲のセカンドベスト・ソリューションで対応してきた。災害が起こったら改善する、というのを繰り返し、つまり Build Back Better でやってきた。

途上国支援においては、日本の技術的サブスタンスを応用し、日本と同様の政策的袋小路化は避ける努力をしなければいけない。同じ轍を踏まないスタンスが必要で、日本の事例も妄信しないことが必要でもある。しかし、要素技術はレベルが高く且つ確実なものを持っているので、それらを組み合わせてその国に最適なメニューを提示するテイラー・メイド化の発想が必要である。また、自国ノウハウの少ない分野では、途上国とイーブンな関係で一緒に考えるスタンスも必要である。

フィリピンのダバオ川などはあと 15 年早くマスタープランの支援をしていれば、もっと柔軟な治水対策があり得たのではないかと考える。今の計画のように上流側にコストのかかる遊水地を無理やり作る必要がなく、隣接する川と連結した放水路を作る選択肢もあったはずである。

現在では宅地開発が進んでそれらの対策の可能性はなくなった。我々の先見性が、支援対象国の選択を決めるので、タテマエの要請主義とは別にドナーの支援に関する先見性の重要である。

　とにかくスピードが大事で、防災分野とは関係無く先に検討が始まった都市開発などを活用して、災害リスクも加味する形で土地利用計画を修正するほうが、時間との勝負で現実的なケースも多い。

　防災の視点のない政府やコンサルタントも多いが、すべての計画に防災を取り入れる「防災の主流化」をしていかなければならない。治水のマスタープランを立てる際、防災の主流化がなされていなければ都市計画を根底から書き換えるくらいのことが必用だ。最悪の場合は、被害が起こったあとの復旧・復興で Build Back Better をやるしかない。

6. 経済発展と暴露（Exposure）の増加、結果としての リスクの増加

6.1 マクロ経済的アプローチによる予防防災の効果

　仙台会議（2015 年の第 3 回国連防災世界会議）の前には、予防防災投資の議論が盛り上がらなかった。このままだと、防災が相変わらず人道的イシューのまま、開発政策や SDGs に反映されないという危機感を持っていた。世界銀行などに研究の必要性を持ちかけても、反応がよくなかった。

　こうした中、JICA は 2012 年、独自で予防防災投資のマクロ経済効果モデル（DR^2AD モデル：Disaster Risk Reduction account for Development）を開発して国際社会に問う決断をした。DRRAD とせずに、DR^2AD と二乗で表現したのは、数学的モデルであることを示唆するためである。

　このモデルを 2013 年 UNISDR（国連国際防災戦略事務局）主催の防災グローバルプラットフォーム（GPDRR）で発表し、2013 年版国連防災白書（GAR）本編にマクロ経済効果例として掲載された。これは過去に一度もない画期的なことである。それによって、UNDP（国連開発計画）、OCHA（国連人道問題調整事務所）や世界の開発ドナーを括目・覚醒させた。その結果、世界が防災投資の重要性を再認識し、議論の潮目を変えたという意味でエポック・メイキングであった。

DR^2AD モデルの持つ先進的意義

　DR^2AD モデルは、きわめて未熟なモデルであるものの、予防防災投資のマクロ経済効果をモデルで例示したことが画期的である。

New simulations of the impact of disaster risk reduction measures on economic growth also show useful results. In Pakistan, for example, an analysis of economic growth projections shows that although real GDP growth would be impacted by a major disaster event, investments in disaster risk reduction could significantly curtail this impact (Source JICA).

わかりやすく言うと、以下の通り。

　途上国の国家開発部局は自然災害が起こることを想定せずに経済発展を何％にしたい等という成長計画を立てている。しかし実際には災害が起こり、経済発展に影響を及ぼす。パキスタンの例を示すと、災害がない（Without Disaster）、災害リスクを減らす投資をした（with Disaster with DRR invest）、災害リスクを減らす投資をしなかった（with Disaster without DRR investment）という３つの GDP 予測曲線がある。何も予防防災投資をしなければ、GDP は 25％減少する（ただし GDP が 10 倍になるという経済発展は現実的でないと考えられる）

6.1　パキスタンのケース。予防防災投資がないと 2042 年に GDP は 25％減少する

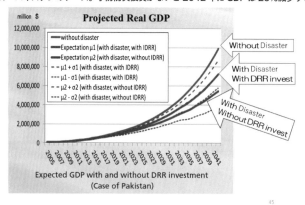

　この 2013 の世界防災プラットフォームで、防災を人道イシューから開発イシューへとシフトチェンジができ、国際潮流を作るタイミングと戦術が生きた。これが 2015 年の仙台防災枠組に繋がるのである。それまで、世界は予防防災投資の重要性を理解せず、「保険でいいのではないか」という議論に流れがちだった。そういう状況を日本から打破して

いかなければならなかったのだ。

　DR²AD モデルは非常にシンプルなモデルなので、限界がある。「災害が起きて家計収支に影響を与え、それによって教育投資などが減って、それらが自らの再生産の中で減っていく」というようなモデルだからだ。

　Scale Efficiency of DRR investment の図に示されているのは、JICA の研究が終わった後にパシフィックコンサルタンツ（株）が継続して研究を続けて得られた結果である。例えば、GDP の何％を防災予算に投資するかによって、変曲点がある。防災予算投資額が多すぎると、労働再生産に回る金額が減って本来の経済発展がそこなわれるため、過大な投資になる。一方、過小な投資だと災害の起こる頻度が多すぎて経済発展が妨げられる。つまり、どこかに最適解があるということだ。

6.1　Scale and Efficiency of DRR Investment　　出 典：Ishiwata and Yokomatsu et al.
　　　(submitted)

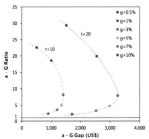

　この図のケースの場合は、投資額は GDP の 3％であり、比較的大きい。日本では現在、GDP の 1％である。しかし戦後、国家予算の 1 割を防災に投資してきた時の GDP 対政府予算は恐らく 3 割くらいだったので、3 割の中の 1％で対 GDP の防災投資は 3％だった。したがって、この図の結果は不自然ではない。

　日本の防災投資のストック効果も国連防災白書に掲載された。GDPに対する投資額により、災害に対するレジリエンシーを築いていること

を示した。このような議論を散々やってきたので、JICA の「布教活動」に引っ張られて EU でも予防防災投資の重要性をアピールするようになった。パンフレットによると、1 ユーロの防災投資が将来 4 ～ 7 ユーロ効果を生むということになっている。

6.1　日本の防災投資のストック効果

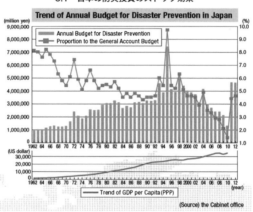

6.2　防災投資の進捗と脆弱性の増大の「いたちごっこ論」を看破するロジック

日本は防災投資をして、レジリエンシーを築いてきたが、高度経済成長の最中に、間違いもおかしてきた。著者が考える日本の間違いとは、次のようなことである。

・戦後に作成した全国総合開発計画に、均衡の取れた治水対策の概念はなかったのではないか。悪い意味での平等、つまりどんな都市も、田舎も同じ権利があるという考えに踏み込んでしまっていた。
・リスクに応じた土地利用計画を徹底できなかった。人口増加と都市のスプロール化（無秩序な発展）、土石流・地すべり危険エリア・従来なら水屋のある氾濫源などの宅地開発。この水屋というのは高さ 2～3 m くらいの丘の上に作られた蔵のことで、氾濫してもそこに集

まればよいという場所である。この水屋のような、洪水が発生する前提の土地利用は高度経済成長期に完全に忘れ去られてしまった。

・堤防至上主義。日本では山地部から平野部に出た瞬間に、地盤から数ｍの連続堤防を築いてしまった。その理由は、一番安いからである。堤防はいったん作り始めたら川幅を固定するため、連続して作り続けなければならない。ただし、自然堤防の上に作っているので、過去の経験から多分この程度の幅を確保しておけば問題ないという考えには基づいている。

　日本の風水害の死者数は、経年的に減ってきているのは事実である（当時の河川局防災課災害対策室のデータを基に作られたもの。グラフ参照）。ただし、浸水は減っているが、都市化の進展により被害額は圧倒的に増大している。浸水面積と死者数でみると被害は経年的に減少しているようにみえるが、経済被害は大きく増加している。

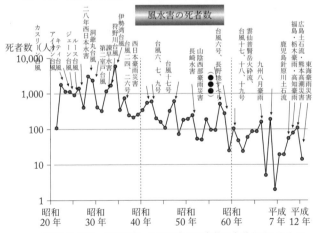

6.2　日本の風水害の死者数（河川局防災課災害対策室が 2001 年に作成）

・グラフは水害・土砂災害・火山災害の死者数の合計を示したもの。
・死者数は、災害統計（河川局）（昭和 21〜27）及び警察庁調べ（昭和 28〜）等による。

作成：河川局防災課災害対策室（平成 13 年 9 月）

6.2 一般資産水害密度等の推移（過去5ヶ年平均）。浸水は減っているが、都市化の進展により被害が増大していることがわかる（国土交通省河川局「水害統計」より）

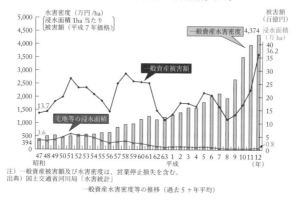

注）一般資産被害額及び水害密度は、営業停止損失を含む。
出典）国土交通省河川局「水害統計」

一般資産水害密度等の推移（過去5ヶ年平均）

　荒川は放水路であり、荒川が作られたことによってその沿岸の開発が可能になった。これに対して、「15 m もの堤防を作って、それによって当面の安全性が担保されたとみて、氾濫原に人口が集積するような国土誘導をしたために、災害ポテンシャルを高めてしまったのではないか」という指摘がある。国連が作成した「Guidelines for Reducing Flood Losses」を見ると、堤防をつくると超過洪水が起こってカタストロフィックなダメージが生じると書いてある。堤防は、越流した瞬間に破堤し、破堤した瞬間に無害流量である自然流量まで戻るからである。また、ダムも堤防と同じで、満杯になったら破堤する、という記述にしている。しかし、この記述は適切ではない。

　気象災害の発生確率は正規分布確率に従うので、次の 100 年確率洪水が発生するまでのタイムスパンとしては 50 年後に最も起こりえる。この期間を使って、次の災害が発生するまでの期間でそのエリアの経済発展を進め、国富を貯め、生活能力を上げ、災害が発生してもリカバーできるポテンシャルを身につけること、これがサステナブルデベロップメントである。そうはいいつつも、荒川の河口、江戸川区の水害ハザードマップでは、「ここにいてはダメです」と書いてあり、江戸川区内は全

員水没することが示されている。実際には、スーパー堤防の輪中堤による防御が究極の方策となる。

途上国におけるレジリエントな住宅とは

　途上国におけるレジリエントな個人住宅とは何か。経済発展とレジリエンスがどのように関係しているかを少しアイロニカルに解説すると、レジリエントな個人住宅とは、実は二つの両極端な状態になる。

　一つは柱とトタン板程度の掘っ建て小屋で、すぐに再建できる程度の粗末な住宅である。他方は高収入の堅牢な住宅であり、軽微な損傷ですぐに復旧できる住宅である。この両者の中間に、チープで脆弱、しかし比較的快適な住宅があり、これはジョグジャカルタのレンガ積み住宅のイメージであるが、この中間段階が災害発生時には一番苦しく、災害後の再建に非常にお金がかかる。

JICA の支援は先方政府の要請次第か？

　近年のアジア各国の経済発展、人口増加、都市化により、被害が増大しているが、要請は誰の目にも被害が明らかになった段階でようやく支援要請が来る状況である。そのため少しでも早く土地利用計画、流域治水対策を講じないといけないが、実際には中途半端に被害が増大し、対策が手詰まりになっている状況である。たとえば、前章でも触れたように、フィリピン・ダバオでは 15 年前にマスタープランを作成していたら、もっと柔軟な治水方策が有り得たのではと考える。

　JICA はタテマエは要請主義で要請により事業が始まるが、要請が来る頃にはすでに人が一杯住んでいて、どうにもならない状況になってから要請が来るような状態が多い。

　仙台防災枠組で指定するリスクは 4 つの異なるタイプ（Extensive Risk, Intensive Risk, Existing Risk, Future Risk）があるが、特に将来のリスクに関しては、今手を打たないとますます大きくなってしまう。

　日本では、頻繁に起こる Extensive Risk については構造物対策、めっ

たに起こらないがダメージの大きい Intensive Risk については非構造物対策で守るということになっているが、問題は Extensive Risk と Intensive Risk の境界を何年確率に設定するかである。これは社会の成熟度と暗黙の合意（Civil Minimum）で決まってくる。これからどのように考えるか、先を見越して考えていかなければならない。

このため JICA では災害脆弱国を防災支援重点国として選定し、あらかじめその国の発展を疎外する災害対策を提案し、各国と協議し、支援の方向性、要請をガイドするような協議に力を入れている。要は災害と闘ってきた経験から先を見越して政策誘導を行なっている。

7. 仙台防災枠組 4つのアウトカムターゲットの達成には何が必要か

　例として、過去の流れを踏襲してこれまで JICA が実施している防災の途上国支援について、仙台防災枠組と照らし合わせてみよう。

7　JICA が実施するアジアの途上国支援

対象国		案件名
インドネシア		地震・津波観測及び情報発信能力向上プロジェクト
インドネシア		海岸保全・防災分野に関する情報収集・確認調査
インドネシア		災害情報の利活用の改善を通じた防災能力強化プロジェクト
バングラデシュ	PD済	地域防災計画及び災害情報管理システム策定・実施能力強化プロジェクト
バングラデシュ	既往	包括的河川管理に係る計画策定能力強化及び技術適応サイクル構築プロジェクト
フィリピン		火山、地震、津波の観測、警報、及び情報発信のための能力開発プロジェクト
フィリピン		海岸災害対策及び海岸保全能力向上プロジェクト
フィリピン	既往	災害リスク軽減・管理能力向上プロジェクトフェーズ2
フィリピン	既往	ダバオ市治水対策マスタープラン策定プロジェクト
フィリピン	既往	ラグナ湖沿岸の洪水対策に係る情報収集・確認調査
ベトナム	新規	北部地域の土砂洪水と地すべりのリスク低減のための能力強化プロジェクト
ミャンマー	新規	バゴー・シッタン川流域統合水資源管理マスタープラン策定プロジェクト
ネパール		都市強靱化のための防災行政能力強化プロジェクト
インド	新規	都市型水害対策プロジェクト
ブータン	新規	ティンプー川・パロ川流域における災害事前準備・対応のための気象観測予報・洪水警報能力強化
トルコ		ブルサ大都市圏における災害リスク管理マスタープラン策定のための能力開発プロジェクト
トルコ		リスク評価に基づく効果的な災害リスク管理のための能力開発プロジェクトF/U（在外主観）
マレーシア		LEP2.0 災害リスク管理能力強化（国別研修）
イラン		防災計画の立案・更新によるテヘラン市災害対応能力強化プロジェクト（技術協力協定手続待ち）
イラン		地震洪水等の自然災害における地方自治体災害対策（告別研修）
アジア	課題別	アジア地域における治水計画策定と流域管理の実務

　表の色付けした案件は、経済的損失の減少につながりそうな案件である。国によって違いはあるが、対象国の主要災害の被害軽減につながる案件は意外と少ない。それは、これらの案件が、経済的損失を特に重視していないコミュニティ防災や早期警報の強化などが重要と誤解されてきた兵庫行動枠組にもとづいた計画だからである。

　ここで改めて、仙台防災枠組の a〜d のアウトカムターゲットがどれくらい減るのか、チェックすることが必要だ。

　仙台防災枠組ができた 2015 年から 2020 年は、ターゲット a の地方防災計画の策定期間、2020 年から 2030 年でターゲット a〜d と f, g へと実践に移す段階であり、悠長なことは言っていられない。

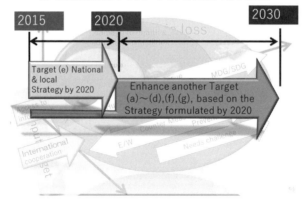

仙台防災枠組のターゲット e では、2020 年までのフェーズ 1 で地域防災計画を作り、2020 年以降それの実施を想定するフェーズ 2 に分かれている。

7.1 地方防災計画について

7.1.1 日本の地方防災計画は途上国での地方防災計画と異なる

例として、山梨県地域防災計画の第 1 編第 3 章より抜粋してみる。

・災害の発生を完全に防ぐことは不可能であることから、災害の被害を最小化し、被害の迅速な回復を図る「減災」の考え方を防災の基本理念としていく必要がある。

・行政による公助はもとより、個々人の自覚に根ざした自助、身近な地域コミュニティ等による共助が必要である。このため、国が決定した国民運動の推進の趣旨を踏まえ、様々な主体が連携して日常的に減殺のための行動と投資を息長く行う。

・関係機関はそれぞれの果たすべき役割を的確に実施していくとともに、住民一人一人が自ら行う防災活動や、地域の防災能力向上のために自主防災組織や地域の事業者等が連携して行う防災活動を促進

する。

日本と途上国では防災投資の蓄積、基盤が異なる

　これらの抜粋からわかることは、日本の地方防災計画は、災害発生後あるいは自助・共助による被害最小化の試みのことを指している場合が多い、ということである。10 年ぐらい前の JICA もそう思っていたので、コミュニティ防災に力を入れていた。日本は、戦前は内務省、戦後は建設省、国交省が営々と予防防災投資をしてきたことが前提にあって、そのうえで地方自治体が行うアクションが、上記抜粋した理念である。

　途上国にとっては、日本の例で言うと、明治時代に外国人をドナーとして治水計画を教えてもらうレベルの話かもしれない。

　仙台防災枠組で言っている地方防災計画と、日本の地方防災計画は全く違う。日本の地方防災計画は、途上国の支援には参考にならないのである。

7.1.2　JICA の考える地方防災計画策定の 8 ステップ

　途上国支援で地方防災計画を策定するために、JICA は 8 つのステップを考案した。この 8 ステップ方法論は、2017 年 11 月 9 日にアジア地域中央防災機関を集めた研修で合意された内容である。

7.1.2　JICA の考案した地方防災計画策定の 8 ステップ

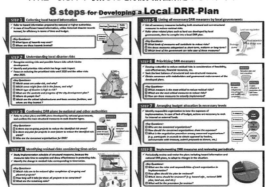

この8ステップは相当な議論を重ねて検討されているため、これに従って支援・対策を行えば間違いはない。

　詳しくは11章で解説するが、8ステップの概要は以下のとおり。ステップ1〜4でリスクを明確にし、5〜8で対策の実施を具体化させる。

　　ステップ1　ハザードの把握
　　ステップ2　リスクの把握
　　ステップ3　上部機関の災害リスク削減計画確認
　　ステップ4　残余リスクの明確化
　　ステップ5　災害リスク削減策のリストアップ
　　ステップ6　災害リスク削減の優先順位付け
　　ステップ7　予算取り
　　ステップ8　計画実施・モニタリング・更新

7.2　災害への公的介入について　洪水の場合

　公助のない地域の災害では、非常にメディア受けするような、緊急援助隊が活躍するような場面が強調され、そこへの支援という事が強調されがちだが、目指す防災支援はそういった発災対応ではない。

　アメリカのFEMA（Federal Emergent Management Agency）は、兵庫行動枠組のころは世界の防災機関の先生と言われていた。大統領直轄であり、強い権限を持ち、中央防災機関としてライン省庁をリードするのが非常に上手く、災害対応では非常に素晴らしい成果を出している。

　そのFEMAの勧めるSelf Protectionという考え方がある。FEMAは洪水保険を作っている。アメリカでは氾濫原の中に住んでいる人口は全体の7%（日本は50%）であり、アメリカの洪水保険は氾濫原から出ていってもらうためのマーケットメカニズムである。出ていけない人を公助では守れないので、自分自身で守ってくれという発想である。

　しかし、アジア・モンスーンのような、水害が多発する地域に多くの人が住んでいる国々は保険では守れない。途上国では公的支援でダムや

堤防の建築支援などが入ることにより、リスク削減を社会システムとして達成することが必要である。

　1千万人の人口を抱えるメガシティは、今現在は世界中に増えているが、10年前はアジア以外ではブラジル・サンパウロくらいしかなかった。サンパウロではアジアのような大規模な洪水は起こらない。アジアの国ではメガシティが多く、殆どが氾濫原である河口に位置している。ヨーロッパでは小麦を主食とし、それは雨水で育つので、氾濫の危険のある河口付近などに食住近接する必要がなかった。それに対してアジアは稲作が中心で灌漑が必須のため、どうしても水と共生する必要があり、宿命的に予防防災対策によって洪水から守らなければならいのだ。

7.3　4つのアウトカムターゲットの達成には何が必要か
中央防災機関への支援からライン省庁の支援へ

　著者の個人的な結論では、国家防災機関を支援しても具体的なリスク支援にはつながらない。過去20年の経験からそう思える。タテマエでは中央防災機関の顔を立て、本音ではライン省庁（実務を担当する省庁）の防災プロジェクトへシフトしていく必要がある。「中央防災機関を通せば予算もついて防災のお金もつく」とライン省庁に思わせて中央防災機関のリーダーシップを補強する仕組みを作らないといけない。

　ターゲット (e) の地方防災計画策定支援について、国家防災機関はこれについての主体者意識が殆どない。国家防災戦略は持っているが、地方防災計画については手つかずのままである。策定に持って行くためには、減災投資計画が必要である。その計画の作成自体を目的化せず、ライン省庁のマスタープラン、減災プロジェクトを実施するうえでの「錦の御旗」として地方防災計画を使うように仕向けるのである。

　兵庫行動枠組、仙台防災枠組の無い時代は、国家防災機関がなく、ライン省庁による選定基準による具体的なリスク削減の案件が多かった。これからやるべきことは、ライン省庁におけるそれぞれのプロジェクトの国家全体の視点から見た優先度の再設定とそのためのマスタープラン

の補強である。治水、地すべりなど、その国全体に必要なニーズを押さえて、その中で一番効果的かつ相手国の要望に応じた支援を行う。例えば地震だったら、クリティカルインフラ、その国の公助の部分を行うなど、インプリテーションへのシフトが大事である。

7.4　最も成功した事前防災投資　マニラ、未完のマンガハン放水路

7.4　マニラのマンガハン放水路は筆者の考える最も成功した事前防災投資の案件である

【図-1　計画流量と実績洪水流量4の比較（ラグナ湖開発庁 LLDA 資料の推定実績流量に追記）】

2009年9月の台風オンドイは、フィリピン・マニラに甚大な洪水被害をもたらした。しかし、JICA が支援して作ったマンガハン放水路は、操作放棄状態だったものの（水位の増加に応じて水門を開けていく操作が想定されていたが、常時全開にされていた）、見事に機能した。

マンガハン放水路は、パッシグ・マリキナ川の水の一部をラグナ湖という巨大な湖に入れるもので、対象流量が 2,900 t、うち 2,400 t をラグナ湖に入れ、残り 500 t を元々の河道に流すというものである。台風オンドイでは、最大流量は 4,150 t であり、マンガハン放水路には 3,000 t が流れ込んだ。

パッシグ・マリキナ川全体で起きた被害は、大きく3種類に分かれる。①中流域で発生した、上流からの洪水の被害。地すべり等の死者も含め、約800人が死亡した。②マンガハン放水路によりラグナ湖へ流れ込んだ

水により、その周囲への内水氾濫が起こった。③最下流部マニラ都市域で、降雨により排水ポンプが機能せず、内水氾濫が起こった。

　当時、アジア開発銀行（ADB）所属でマニラに着任したばかりだった著者は、台風の翌朝、現地河川沿いの被害を1日かけて見て調査した。もしマンガハン放水路がなく、4,150 tが下流都市部に流れ込んでいれば、被害はこれだけでは済まなかったはずだ。

　内水氾濫が起きたことで、一部の欧米ドナーからはJICAのマスタープランに非難があった。JICAはマスタープランの正当性を主張しきれず、世銀の計画見直し要求を承認し、それは今でも禍根を残している。

　しかし、放水路という構造物があれば確実に効果を発揮することが実証された。当時、「非構造物対策」への注目が高まっていたが、それだけでは被害を「軽減」できても、構造物対策のように「防御」はできないため、ある程度の構造物対策は必要なのである。構造物対策は、仙台防災枠組で言っているターゲット (c) economic loss を減らすものであり、この章のテーマである4つのアウトカムターゲット達成に必要なことだと思っている。

　マンガハン放水路についてのJICAマスタープランに全く問題がなかったとは思っていない。下流域のマニラ市は当時、既に人口密集地域であったため、マリキナ・パッシグ川下流部の拡幅は不可能と判断し、ラグナ湖を最下流と見立ててパッシグ川の流れを変え、南遷・分流し、下流部と分離するに等しい洪水対策であった。

　この対策により、マリキナ・パッシグ川の本川は事実上ラグナ湖となったが、放水先が海でなく、巨大とはいえ湖であるという問題が起こった。湖の水位が上昇した場合に、ラグナ湖周辺の氾濫が助長される可能性が出たのだ。計画策定時、ラグナ湖の湖面面積・雨季の平均的な標高海抜・実績洪水流量から、水面上昇量・自流域の水面上昇予測などを行い、ラグナ湖に流入させることで周辺への氾濫影響は殆どないことを確認していた。しかしオリジナルの計画では、パラニャーケ放水路というもう一

つの放水路を作り、マニラ湾に流すことがセットだった。パラケーニャ放水路は実現していない。

　また、マニラを含む下流部のパッシグ川は元々の流下能力が十分ある。洪水対策は下流部から進められたが、上流部と並行して実施していれば、中流部で800人の死者は出なかったかもしれない。そういう意味で課題はある。

8. 日本の治水事業の事例

　最近は、治水計画のベースを大幅に超過する降雨が急増している。現時点ではそれが気候変動に因るとは誰も言い切っていないが、5年後くらいには検証の結論として気候変動による激しい降雨という言い方がされるかもしれない。この章では、それら最新の状況変化を出来るだけ取り込み、日本の治水事業の事例について述べる。

8.1　全国総合開発計画における治水の位置づけ

　日本における道路計画や治水計画などの大きな国土開発の方向性は、国のあるべき姿「国体」を検討・設定した「全国総合開発計画」（全総）で整理され、それに基づいて実際の整備事業が実施されてきた。

8.1　高度経済成長と全国総合開発計画（国土交通省の資料より）

1－1　全国総合開発計画の推移

	全国総合開発計画 （全総）	新全国総合開発計画 （新全総）	第三次全国総合開発計画 （三全総）	第四次全国総合開発計画 （四全総）	21世紀の国土の グランドデザイン
閣議決定	昭和37年10月5日	昭和44年5月30日	昭和52年11月4日	昭和62年6月30日	平成10年3月31日
策定時の 内閣	池田内閣	佐藤内閣	福田内閣	中曽根内閣	橋本内閣
背　景	1 高度成長経済への移行 2 過大都市問題、所得格差の拡大 3 所得倍増計画（太平洋ベルト地帯構想）	1 高度成長経済 2 人口、産業の大都市集中 3 情報化、国際化、技術革新の進展	1 安定成長経済 2 人口、産業の地方分散の兆し 3 国土資源、エネルギー等の有限性の顕在化	1 人口、諸機能の東京一極集中 2 産業構造の急速な変化等により、地方圏での雇用問題の深刻化 3 本格的国際化の進展	1 地球時代（地球環境問題、大競争、アジア諸国との交流） 2 人口減少・高齢化時代 3 高度情報化時代
長期構想					「21世紀の国土のグランドデザイン」 一極一軸型から多軸型国土構造へ
目標年次	昭和45年	昭和60年	昭和52年からおおむね10年間	おおむね平成12年（2000年）	平成22年から27年（2010年-2015年）
基本目標	＜地域間の均衡ある発展＞ 都市の過大化による生産面・生活面の諸問題、地域による生産性の格差について、国民経済的視点からの総合的解決を図る。	＜豊かな環境の創造＞ 基本的課題を調和しつつ、高福祉社会を目指して人間のための豊かな環境を創造する。	＜人間居住の総合的環境の整備＞ 限られた国土資源を前提として、地域特性を生かしつつ、歴史的、伝統的文化にし、人間と自然との調和のとれた安定感のある健康で文化的な人間居住の総合的な環境を計画的に整備する。	＜多極分散型国土の構築＞ 安全でうるおいのある国土の上に、特色ある機能を有する多くの極が成立し、特定の地域への人口や経済機能、行政機能等諸機能の過度の集中がなく地域間、国際間で相互に補完、触発しあいながら交流している国土を形成する。	＜多軸型国土構造形成の基礎づくり＞ 多軸型国土構造の形成を目指す「21世紀の国土のグランドデザイン」実現の基礎を築く。 地域の選択と責任に基づく地域づくりの重視

https://www.mlit.go.jp/common/001116820.pdf

　最初の全総は1962年の池田勇人内閣時に「所得倍増計画」という大方針に基づいて制定されたが、その時点で既に都市の過大化や、それに

99

伴う地域間格差が問題視されていた。対策を講じなければ都市部への一極集中の進行が不可避なので、グランドデザインとして「地域間の均衡ある発展」が掲げられた。

この「地域間の均衡ある発展」という方針に基づいて、治水事業計画は、全国津々浦々あらゆる場所で、都市部でも地方部でも同じ基準と手法を適用しなければならなくなり、地域特性や費用対効果を考慮した個別対策は適用されなくなった。たとえば、人口の多い所では河川に沿った連続堤防を建設し、村落部では輪中堤などの地先堤防を建設して氾濫を許容しつつ人命を優先的に守る、といったことができなくなった。

このような事業が現在の日本の発展に繋がっているので、それは結果オーライだと個人的には感じており、最終的には歴史が判断することだと思う。ただ事実として、この全総の方針によって、都市部でも地方部でも同一水準での治水対策事業が実施されることとなった。新全総（1969年〜85年）の対象時期に最も多くの事業が実施され、現在の治水事業の3倍程度の事業量があったのではないかと思う。

オイルショック前に作成された三全総（1977年〜87年ごろ）では、「安定成長経済」と述べており、既に高度経済成長は完了、このころより首都移転の議論や筑波の研究都市開発が実際に推し進められた。

このように「全総」で設定された国土全体の開発方針に基づいて、治水事業が全国的に実施されてきた。

8.2　日本国内の治水対策
8.2.1　国から地方自治体までの治水対策

日本全体の治水事業は、国から地方自治体まで含めて多種多様なものがある。

国の直轄事業は、一級河川109水系を対象とした、世間でも広く見聞きされる規模が大きい川の洪水事業である。

県事業は、県管理区間とされている一級河川の上流部分や二級河川において、一級河川に準じる治水事業としてほぼ同じ内容の対策事業が実

施されている。九十九里浜に流下する千葉県管理の小規模河川は、全て二級河川である。流域面積 70 km² 程度まで、ピーク流量 200〜350 m³/s 程度で、各々で県事業として治水対策が講じられている。

市町村事業は、千葉県松戸市などでは大河川に直接流入する準用河川を対象として、主に内水排除を目的とした排水ポンプ建設が実施されている。その他、都市計画、市街化調整区域や急傾斜地対策等の関連事業が実施されている。

著者自身の個人的な想定、感覚ではあるが、上記区分ごとのおおよその事業量、投資額は以下のように推定できる。

- ・直轄事業への投資額は全治水事業費の 60〜70% 程度。
- ・県治水事業は 35% 程度で、そのうちの 8 割程度が二級河川の治水整備に配分されている。県管理の一級河川の上流区間は守るべき対象物が少なく治水重要度が低いので、それほど事業が実施されていない。
- ・残りの数%が市町村による事業。

治水計画の検討の流れは、「構想」と「計画」の段階がある。直轄109 水系の治水計画構想は、既に 30〜60 年前などに確立され、それを引き継ぎながら実際の治水事業が実施されている。新たに構想を検討している水系は現在では殆どない。

8.2.2 治水計画の流れ①

実際の構想検討は、以下のような手順で進められる。以下の検討に基づき、確率の規模に応じた対策から方向性を設定して、計画の立案を進める。日本では国交省に蓄積されている過去の計画立案例との比較により、大きなズレが発生しないよう確認することが出来る。

1. ベースとしての気象観測、水位観測、流量観測
2. 実際に起こった洪水の評価

何 mm の雨が降り、どの箇所の狭窄部によって水位が上昇して溢水したか、破堤して氾濫したかという状況の把握、事実の評価

3. 流域降雨の設定

神田川のような小規模都市河川なら現在は 50 mm/h、将来的には 75 mm/h の降雨を排水可能な河道断面を確保し、短時間降雨に対応する。一級河川は流域面積が広範なので、2 日雨量 400〜500 mm が計画降雨として採用される事が多い。計画降雨は国によって規模が異なり、インドネシアは年間雨量 3,000 mm で、日本の 1,800 mm の 1.7 倍程度なので、日単位の雨量強度も日本より強くなる可能性が考えられる。

4. 流出計算、実績洪水との調整

各降雨観測所で確認された降雨量から算出される流出量と、流量観測所で実際に計測される河道流量とを比較し、実測データに基づいた流出計算式の補正を実施する。洪水報道を見る際には、情緒的な映像を見るだけではなく、国交省のホームページから降雨量や河道流量などの数値的なデータを確認して、事実とつなぎ合わせる習慣をつけて頂きたい。

5. 現在の堤防の状況と高水位の想定

6. 無氾濫可能な降雨の規模と対策の概要、他河川との比較

日本の治水計画検討では、対象確率降雨が発生しても一切氾濫を発生させない堤防高にし、ダムや遊水地の配置を想定して、その想定事業規模を類似河川と比較して、スケール感が異常ではないかどうか横方向のチェックをする。

7. 河川と貯留施設、流域の洪水対策のバランスのチェック

洪水流量の、河道流下と貯留施設(ダム、遊水地)での分担割合をチェックする。日本の感覚では、河川分担 70〜80％程度が一般的。フィリピン・ダバオの治水計画では、初期案における貯留施設の分担割合が 60〜70％と非常に大きく、感覚的に受け入れ難いとコメントした記憶がある。

8. 計画規模の根拠付け

日本では 30 年〜100 年程度の確率で設定されている。県管理の二級河川では 1/50 年程度の確率で計画されることが多い。

8.2.3　治水計画の流れ②

上記の構想に基づいて、具体的な実施計画を以下のような手順で検討する。

1．計画規模と流域降雨の設定

上述の通り。

2．流出計算による基本高水流量の設定（無対策の場合の洪水量）

治水対策の未実施状態で河川に流入する流量（＝基本高水流量）を算出する。

3．ダム、貯留施設、流域洪水対策と河川の分担決定

河川の特性や現場の状況を勘案しながら、試行錯誤して分担割合を決定する。河川周りに比較的買収しやすい農地などが残存していれば、可能な限り買収を想定して、河川分担を多くする方向で検討する。

荒川は、東京から埼玉に入る辺りで河川敷が 5 km 程度と非常に広くなる（上下流区間の河幅は 500 m 程度）。これは治水計画立案前から現地に存在した広範な氾濫原をそのまま活用して、河道内貯留を考慮可能となるようしている。分担割合は、計算のみで決まるものではない。

4．河川が分担する計画高水流量の設定

5．それぞれの施設の必要な事業の内容と事業量、事業費の算定

「河道計画」として、河道の計画高水位（High Water Level: HWL）、堤防高、河道幅等を検討、設定する。河道計画だけでも非常に広範且つ詳細なノウハウが蓄積されており、「河道計画検討の手引き」に整理されている。

6．事業実施のロードマップの策定

現在の日本の治水計画では、将来に向けた「基本方針」と実現可能な「整備計画」といった本音とタテマエが、ここ 15 年程度で設定されている。同時に、対象河川の周辺環境に詳しい大学教授などを座長とする「流域委員会」を開催し、合意形成を進める。最近は、計画内容のお墨付きを得る形式的なものだけではなく、計画内容について厳しい指摘が出る

委員会もある。

　河川法施行令の定義では、河川整備基本方針及び河川整備計画における最上位に治水対策が据えられている（第十条）。また十条の二では、「河川整備基本方針には、次に掲げる事項を定めなければならない…(中略)…基本高水並びにその河道及び洪水調節ダムへの配分に関する事項…(中略)…計画高水流量…(中略)…計画高水位および計画断面形に係る川幅に関する事項」と書かれている。

　途上国支援の際、国によって治水計画で記載すべき事項は異なるが、少なくとも日本の治水計画検討で不可欠な上記事項が適切に整理されていない、流量配分図（通称・流配（りゅうはい））が提示されていない報告書を作成するコンサルタントは、要注意である。流量配分図を見れば、その川の河川計画の大筋がわかる。

　更に十条の三には、河川整備計画には「河川整備計画の目標に関する事項」「河川の整備の実施に関する事項」を定めなければならないと記

8.2.3　基本高水検討フローの例（鹿児島県の資料より）

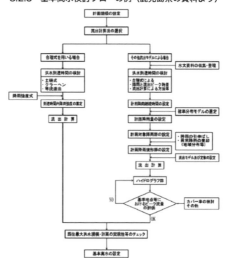

載されている。つまり著者が、地方防災計画の立案の際に、何年後にどのような事業が実施されて、その段階で残っているリスクが何なのかという整理が必要だとしばしば述べていることは、日本の法令には「定めなければならない」と記載されている。

鹿児島県など、台風・洪水被害が甚大な都道府県の河川計画の考え方は、「水位を下げる」という治水の基本理念を抑え、よくまとまっている。

8.2.4 治水計画の事業実施

事業実施地域での合意形成をした上で、優先順位が高い事業から事業が実施される。構造物対策と同時に、非構造物対策も実施される。現在洪水対策として実施されている非構造物対策は、ハザードマップの作成、気象庁による避難情報提供などである。県管理の二級河川への対策事業の実施プロセスも、ほぼ一級河川のプロセスが踏襲されている。近年の気候変動および激甚化による被害拡大が問題となっているが、治水対策実施のプロセスは、殆ど変わらない。

8.3 日本の治水対策から途上国への支援で留意すべき点
8.3.1 堤防至上主義の是非

我々の教訓として、日本の治水事業のどの部分を良い点として、どの部分を反省点として途上国の支援において活用するのか、考えてみたい。

「結果論としての堤防至上主義は是か非か」という議論がまずある。我々は頭の中に「洪水対策する時には堤防を連続して作るのが当たり前だ」という発想があるかもしれないが、それは撤廃すべきである。日本の治水対策の主流が連続堤防になっているのは、戦前からの社会の要請としての氾濫防止に応える一番安価で早い方法が、洪水位を低く保つ河道拡幅よりも、堤防を継続的に強化することだったからである。また、既設の堤防を嵩上げする堤防建設で済み、かつ用地買収の必要がなく、安価で済むためでもある。

だが、これにより、横提、霞提などにより氾濫を許容する文化が消滅し、かつ下流域では一度上げてしまった堤防は連続堤防以外の選択肢がなくなった。

一方で、堤防を高くすると、破堤時のリスクは増大する。

また、既存堤防を温存してその上に堤防をかさ上げすることで、品質低下のリスクが内包される。例えば利根川の堤防の中には、大正時代、あるいは江戸時代に作られた堤防が入っている。その結果、堤防には耐震性がなく、日本の堤防は地震には耐えられないと言われてきた。現在は荒川の堤防や江戸川の一部下流の堤防などは耐震強化を図り、耐震性の審査をしているが、基本的には弱い。洪水のたびに弱い部分が破堤し、そこを強化再建することにより、いわばだましだまし洪水を手なずけていたのである。

マルチ・ハザードへの対策は充分か

日本では、洪水と地震の複数が組み合わさったマルチ・ハザードをこれまでは一部の大都市を除いて工学的な根拠を持って想定はしていない。仙台防災枠組では "multi hazard early warning" と想定されているが、実際には工学的な議論はされないまま採用されている。

新規ダムに関しては、重要構造物なので世界でもトップクラスの高い耐震性を持っている。戦前のダムも含め、近代になってから作られたダムは非常に耐震性があり、おそらくどんな地震が来ても万全と思われる。

農業用溜池の耐震性は低いが、過去に受けた地震を経て残っている溜池はそこそこの耐震性がある。途上国のダムと同じくらいの耐震性はあるかもしれない。

マルチ・ハザードの発生の既往事例は以下のようなものが有名である。

1. 宝永地震と富士山噴火（1707 年）
2. 八重山地震と津波（1771 年）
3. 雲仙普賢岳の噴火と眉山の崩壊（1792 年）
4. 福井地震と豪雨（1948 年）

5. 阪神淡路大震災と淀川堤防沈下（1995 年）
6. 新潟豪雨災害と新潟中越地震（2004 年）
7. ムラピ山噴火とジャワ島中部地震（2006 年）

　福井地震は、1948 年 6 月 28 日に発生した M7.1 の地震によって、坂井平野の各河川の堤防が陥没・崩壊など致命的な打撃を受けたところに、7 月 23 日からの前線による大雨で九頭竜川本川・支川とも増水し、左岸の灯明寺地先で破堤した。福井市街地の北部一帯が 7 月 25 日に浸水した。地震の発生がもう少し遅ければ被害はさらに拡大していただろう。福井地震では液状化の被害が激しかった。地震の際に堤防が壊れ、その後に大雨による被害が重なったのである。

　阪神淡路大震災の例では、淀川堤防が大きな被害を受けた。たまたま地震が非洪水期の発生であったため、1 月 17 日の地震後、洪水の時期になるまでに緊急復旧を行えた。

　日本の幾つかの反省点は全国総合開発計画で均衡の取れた全国の開発を謳う中で、資産集中の大都市と地方の小都市など被害の大きさに応じて治水計画を変える概念はなかった、リスクに応じた土地利用計画を徹底できなかった、堤防至上主義、などがある。米国の最大河川ミシシッピー川などでは、都市部と農村部の堤防の設計確率年を変えている。背後資産の重要度に応じて治水安全度を変えて、超過洪水時に破堤した場合の被害最小化を視野に入れている。

　幸か不幸か、途上国では元々無堤なので、堤防の品質を最初から新設によって高くできる可能性はある。しかし、途上国で品質が高い堤防を全国に延々と作れるとは、コストおよび維持管理の面からも思えない。そういう意味で、なるべく堤防を低くしたい、あるいは作らないようにしたい。洪水の原則である洪水位を低く、河道はなるべく広くして、出来れば地盤高程度として、なるべく堤防を作らないように、というのが日本と同じようなリスクを背負わせない治水の王道であろう。

8.3.2　治水の原則

ODA で"治水の原則"を意識して計画しているかは、怪しい。

鹿児島県河川課の資料（県単独の河川事業の事業設計基準書）によると、治水の原則として、「洪水時の河川の水位を下げて洪水を安全に流す」と明記されているが、この原則は国交省の現場ではかなり忘れられつつある。なぜかというと、計画が全部できていて、計画高水位が決まっているからである。今さら、洪水の水位を下げるという発想がない。

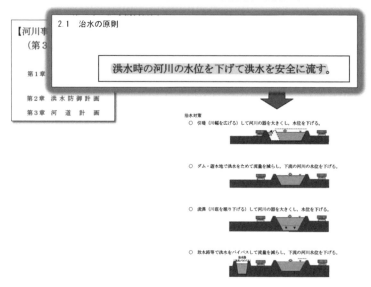

8.3.2　治水の原則が明記されている（鹿児島県の資料より）

8.3.3　日本の治水事業は曲がり角に来ている　その打開策とは？

流域と河川の分担はタテマエであるが、実際は河道で殆どを分担している。そのため河川管理者の責任が重大になっている。

河道整備は、連続提を原則として整備している。整備対象は、当面の実現可能な構造物対策＝堤防とダムに限定されている。それが一定程度、暫定完成したのが現状である。

　しかし、気候変動などによる災害の激甚化にともない、暫定完成レベルでは持たなくなった。更なる構造物対策のグレードアップは、事実上、不可能である。これが現在の日本の直面している問題である。非構造物対策を上乗せするしか、選択肢がなくなっている。

　一定の治水投資が済んでいる日本の現状は、取れる対策が「土地利用規制」や「流域対策」しか残っていない。途上国は、地方防災計画で、ゼロから総合的対策を打てる。過去の投資がないため、新たなグランドデザインを支援によってできると考えた方がポジティブである。

流域治水とは

　流域治水の考え方は、"河川、下水道、砂防、海岸などの管理者が主体となって行う治水対策に加え、集水域と河川区域のみならず、氾濫域も含めて一つの流域として捉え、その流域の関係者全員が協働して、①氾濫をできるだけ防ぐ対策、②被害対象を減少させるための対策、③被害の軽減、早期復旧・復興のための対策、を総合的かつ多層的に取り組むこと"とされている。

　日本では氾濫域（氾濫原）といわれる地域を、連続堤防を作る前の時代まではかなり有効に使っていたが、高度経済成長（全国総合開発計画の立案）以降、地域の均等と言われるようになった瞬間に、首長は自分のエリアに工業地帯や住宅を誘致し作り始めた。氾濫域は、市街化調整区域指定によって守られてきたが、これには抜け穴があり、個人では解除できないが、大きな土地開発計画があれば、その区域の整備・開発が可能となる。殆どの市町村では経済発展を最優先としそれを解除してきており、そのため氾濫原機能の維持が難しくなった。

　2020年のNHKスペシャルで「"最強"台風接近　どう守る　命と暮らし」という番組があったが、その中で、「市街化調整区域の解除による町の発展居住誘導先が、実は氾濫原だった」と解説している。高度経済成長時代のみならず、現在でも土地政策として全国でこういうことが

起こっている。

　著者は、「人口増加の高度経済成長時代に作った全国総合開発計画の
ころから、いまや人口減少の税収低減の時代に変わってきたときに、政
策としてコンパクトシティ化して輪中提で守るべきなのに、スプロール
化した山ぎわに砂防ダムを 100 も 200 も作ることはおかしい。これは本
来学識が新しい時代を示す事で、そのような国のありようを提言しなけ
ればならない」と述べてきたが、これとほぼ同じ事をこの番組でも言っ
ていた。

　番組では、「コンパクトシティを進める 275 自治体のうち 9 割が浸水
想定区域に居住誘導区域が重なっている」と数値で示していた。氾濫原
の危険地域に居住誘導していること、これが一番の問題点である。仙台
防災枠組での「新たなリスクを作らない」という提言にも反している。

　流域治水として、霞提と土地利用政策をどうリンクするのかについて
は、国交省の言う、"河川区域指定したところしか自分たちのリーチが
届かない"というジレンマの中で、霞提を活かしたまま土地利用規制政
策に打って出るか、霞提をローカルな遊水地に変え、連続堤防で囲って
その部分の貯留効果を見るか、法整備とのジレンマもある。霞提よりも
効果は低いと思われるが。

8.3.4　流域治水を途上国に展開するのは時期尚早
　日本は整備計画で一定程度の治水整備を行い、基本方針の将来計画と
の解離を埋める対策が急激に難しくなる変曲点に来ており、いわば概成
したもののその先の展開を前に立ちすくんだ状況とも言える。

日本国内で流域治水を展開する必然性と課題
　①整備計画が一定水準まで概成し、その先の整備展開が見えない
　②その状況で気候変動等によると思われる整備計画を超える降雨が頻
発し災害が増加
　③流域全体で流出抑制、一部氾濫許容を想定しないと現状の残余リス

クが多すぎる

④河川管理者はいわゆる河川用地内しか権限が及ばないため、それを河川管理者が施策展開として主体的にリードするのは多少無理がある

⑤本来知事や地方自治体が積極的に治水水準向上とあわせて主体的に行うべきもの。例えばかっての鶴見川の総合治水では地元市町村が志高く氾濫源の土地利用規制と新規開発エリアでの流出抑制を粘り強く継続実施し、現在の鶴見川の治水安全度達成に貢献してきている。

また、流域内で土地利用状況に応じて一部氾濫許容というのは流域全体を一様に守るとしてきたこれまでの治水計画論に対して、納税者に不利益を強要するものであり、現行の河川法上そのような施策を打てるのか、という法律論もあろうかと思われる。

一方、最近はこの日本国内での流域治水施策を海外、特に日本の支援する途上国でも展開したい、といったような意見が散見されるが、途上国の現状からは極めて危険、時期尚早であり、場合によっては途上国の治水安全度の向上を結果的に足を引っぱることになる可能性が高く、以下に論点を明確にしておく。

途上国では

①殆どの国が治水対策ゼロに近い水準のまま、経済発展、都市化を迎えている。

②中央政府のガバナンス、治水政策すらも進捗していない状態で、流域の市町村の土地利用規制、流出抑制などは全く期待できるレベルには行政能力、施策展開能力、予算も無い

③最優先すべきは国家予算による事前防災、治水施策投資の実施により、少なくとも一定水準の治水対策を実施することである。

④もちろん、氾濫域での土地利用計画などは仙台枠組みでいう地方防災計画のなかで取り込むべきであり、そのように日本も支援しているが、

それは流域全体を預かる地方自治体の責務であり河川管理者の所掌では
ない

　⑤途上国ではそこを明確にしておかないと、河川管理者、地方自治体
全体で流域治水により治水安全度を上げる、と言った瞬間に、河川管理
者が自らの責任を勘違いして他の関係者に治水責任がある、或いは共同
責任であると逃げを打ち、結果、治水対策が全く進まなくなる、という
モラルハザードが起こるリスクの方が遥かに高い。

　要は、日本のように国、地方の行政のレベルが連携して、同じ目標に
向けて真摯に政策実現をするような状態には予算、能力的にもなってい
ないということである。

9. リスク削減政策の体系

　防災の支援を各国の状況に応じてテイラー・メイドし、実現可能な政策まで持っていかなければならない。海外からの研修員にも「日本における技術論ばかりで、途上国の政策誘導につながらない」と言われることがあった。

　この章では、日本のリスク削減政策と、インドネシアの例をみながら、支援対象国の熟度、ポテンシャルに応じて、どのように支援できるかを考えていく。

9.1　リスク削減政策とは
9.1.1　リスク削減政策の対象
　日本でのリスク削減政策は、個別の技術論ではなく、補助制度などさまざまな制度を持ち込んで、リスク削減を主流化していこうとしている。

　政策対象をレイヤーとして見ると、以下に示すように、レイヤーごとにさまざまな政策が施行されている。

　1.　災害リスク削減（DRR）のためのインフラ（災害防御施設、治水対策施設、地すべり対策施設、気象関連）：その最たるものが治水対策である。

　2. 仙台防災枠組で言っているクリティカルインフラ：具体的には道路、鉄道、教育、医療などがある。社会を構成する行政サービスの根幹を成すようなインフラのリスクをどうやって削減していくか、それぞれを政策誘導して行っている。

　3.　特定エリア、都市域全体：典型的なのは発災後の防火対策で、東京都の下町の木造密集住宅などのリスクを削減していくために、政策的な誘導をしている。

4. 著者有財産：民間の弱い建築物について、公共への影響防止として避難道路に面した建物の耐震化補助などの制度を施行している。そのための耐震判定に補助金を出すなどの政策を行っている。

上記と同様な政策誘導を途上国支援でも進めるべきであるが、残念ながら現在は非常に弱い。

9.1.2　リスク削減政策の種類
リスク削減政策には以下のようなものがある。
・政府自らが行う事業
・基準等により civil minimum 維持をねらうもの（耐震建築基準など）
・行政指導によって行うもの
・補助金により加速させるもの（地方自治体に補助金を出す）
・マーケットメカニズムを誘導しリスク削減するもの（例えばアメリカの洪水保険は、氾濫原から人が出ていくようにするため、危険な地域では保険加入が義務づけられ、保険料も高く設定されている）

9.1.3　国の制度による違い
支援対象国の制度により、上記で上げたような政策を適用できるとは限らない。まず、その国の法体系、組織熟度を理解しなければならない。例えば、河川法のようなものがあるか、治水専門組織があるか、などを確認することが大切である。

予算制度についても考慮が必要である。国家の歳入源は？　地方への交付金の制度があるか？　地方自治体は独自財源をどのように持っているか？　などを確認する。

予算執行マネジメントの制度的な違いも把握することが必要である。日本であれば、財務省一括コントロール型で、歳入も歳出も財務省が権限を持ち、予算を作った時が全てで、予算通りに執行されなければ没収される。執行分離型の国もあり、財務省は歳入だけで、歳出は別の組織

がコントロールしているというやり方で、タイでは NESDB（経済社会開発委員会）、インドネシアでは BAPPENAS（国家開発計画省）、フィリピンでは NEDA（国家経済開発庁）が歳出を担当している

　国と地方自治体の役割分担についての理解も必要である。日本が支援している国々は、中央集権型が殆どで、これは日本も同様である。一方、地方分権と言われている国もあり、ドイツ、インドネシア、独立州の集合で国家になったアメリカである。アメリカは、憲法は国全体で持っているが、各州（States）で三権分立の"三権"を持っている。

9.1.4　日本のリスク削減政策の対象

治水政策

　治水は、一般には国による治水対策の制度があり、河川法に従って事業を実施している。

　日本では、合意形成プロセスが非常に重要になっており、各種流域委員会・リバーカウンセラー制度作りを行っている。また、河川総合事業開発、つまりダムの建設時は、丁寧な水源地整備により、上下流の対立を回避してきた。上下流対立とは、下流の氾濫を防ぐために上流にダムを作り、上流の人たちの移転を求める必要があり、上流の人たちにとっては直接の利益でないのに協力するという、ということに起因する対立である。

　東京都江戸川区などでは、スーパー堤防の事業化の例がある。区画整理事業による空地の創出と、エリア全体の再開発を行った。これをランドプーリングと呼ぶ。ランドプーリングとは、低層階の周密な住宅を中層・高層に集約して空地を作り、防火体制をする方法で、土地を一括して区画整理事業で公地にしていく政策である。モンゴルでは、ソ連時代に作られた非常に密集した住宅 500 棟が地震被害の危険地帯にあるが、そこを全部ランドプーリングによってオープンスペースを作り、建物の耐震性を強化しようという議論が出ている。

地すべり、土石流、急傾斜地対策

　行政が事業として実施するもの（地すべり、土石流、急傾斜地対策）や、指定等により市町村、住民対応するものがある。

地震対策

　住宅は著者有財産であるが、市町村による耐震診断補助金制度で耐震強化を喚起し、自助を促進させている。

　公共性のある場所の住宅への公助として、災害発生時の避難道路に面した住宅の耐震補強への補助金支給などがある。東京では耐震事業の補助金として200万円程度、耐震判定の補助金として20〜30万円程度が出る。

　公助としてのエリア対策には、木造密集地域などの災害時の延焼防止対策がある。ランドプーリングにより、木造密集エリアの周囲にコンクリート団地など不燃建築物を建て、中で全焼しても外側への被害は防ぐという対策である。中の一軒一軒の家については、発火した場合には全焼を前提にしているということになるが、自分の家を耐火構造化することは個人のやることで、それができなければ、官としては全体のエリアを守ることを優先する。

　特定地域の地震準備体制の法的整備としては、南海、東南海などで特殊な法整備などを行っている。

9.2　日本の流域治水の推進に向けた施策例

　途上国では流域治水の導入は時期尚早と8.4.3で明記したが、ここでは日本で進められている治水施策を、国土交通省の事業からまとめてみる。

9.2.1　主要な施策

ダムの事前放流

2018年に広島で豪雨災害が発生した際、利水ダムの活用が話題になっ

た。中国電力が大きな利水ダムを持っているが、水を貯めることが大き
な役割であり、洪水対策に使うことが目的ではない。しかし流域住民か
らすれば同じダムであるので、なぜ洪水対策にも使わないのかという議
論があり、当時の菅官房長官がこれに目をつけて、利水ダムを含む既存
ダムの洪水調節機能の強化について政府内の検討が行われた。ダムには
経産省、農水省などいろいろな省庁が関わるため、一省庁では不可能で
あった。これは官邸のリーダーシップが効いた事例と言える。

　検討・実施の内容としては、「普段は水を貯めておく利水ダムについ
ても、出水期には事前放流して水位を下げておく」という協定を結び、
その協定にもとづいて、いざ雨が予測されるときには放流を行うという
事である。2021 年 5 月現在、一級水系はダムのある 99 水系すべて、二
級水系も効果の見込める 321 水系で締結された。

　電力ダムは発電して利益を得る目的があるので、洪水調節のため放流
すれば損失が出るので、その分の補填を行う。また、事前放流したくて
も構造上できない利水ダムは、そのための施設改造が必要になれば整備
できる予算をつける。民間企業には、税制優遇（固定資産税の軽減）な
どの制度も制定される。

9.2.1　利水ダムの事前放流の実施イメージ（国土交通省の資料より）

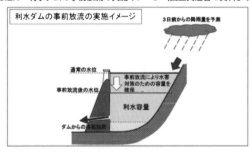

出典：令和 3 年度水管理・国土保全局関係予算概算要求概要
https://www.mlit.go.jp/page/content/001364069.pdf

雨水貯留浸透施設（河道への流出抑制）

　貯留施設について、公的な機関だけでなく、民間企業にも担ってもら

う。何かしらのメリットが必要となり、その補助制度の確立、税制の免除が行われる。2021年度の新たな制度として、地方公共団体による雨水貯留浸透施設整備、民間企業などによる雨水貯留浸透施設整備について補助率が拡充された（固定資産税の免除など）。

　実施体制の構築として、流域治水協議会の設置が進んでいる。昔から減災対策協議会などが存在はしていたが、それを拡充するなどして、流域治水を目指す方針を組み込む。

高台まちづくりの推進

　スーパー堤防や高規格堤防について、高台まちづくり（高台・建物群）が東京都を中心に行われており、国交省の水管理・国土保全局と都市局、住宅局、不動産・建設経済局と東京都で協議会を作って進めていく。スーパー堤防建設計画は、河川管理者だけでできる話ではないので、民間にメリットがある形でインセンティブの高い政策を検討する。例えば今までの河川区域で、川裏法面を広げることで、そこに住宅地を確保する。そのためにどういう施策が必要なのか検討されている。また住民移転の

9.2.1　高台まちづくりのイメージ（国土交通省の資料より）

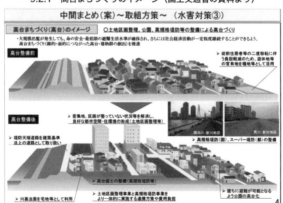

出典：災害に強い首都「東京」形成ビジョン（仮称）中間まとめ
https://www.mlit.go.jp/river/shinngikai_blog/renrakukaigi/dai03kai/doc3.pdf

ための種地（移転先）の確保など、移転が一回だけで済むようにする施策も必要となる。

　また、避難スペースを確保した建築物の整備や、建築物から浸水区域外への移動を可能とする通路の整備（建物同士をくっつけるなど）の検討が進んでいる。

　計画における将来像が分からないと家屋の建築や街づくりもできないため、河川整備計画の中で、将来高規格堤防にする箇所を明示するなどの施策や、都や区が作成する都市計画マスタープランにも将来像を明示する取り組みも行われている。そしてそれらの動きを拡充していく。

9.2.2　水管理・国土保全局による事前防災対策　個別補助事業制度による事前防災対策の推進

　地方分権が進む中、"交付金"という形で地方が自主的な裁量で使える制度になってきたが、必ずしも治水対策に有効なところには使われないという課題があったため、本当に大事なものについては補助事業が必要である、というかつての状況に戻りつつある。2019 年度には大規模事業（大規模特定河川事業等）について補助金化して、その目的のためにしっかりと使い、国交省もウォッチする。事業間連携として、いくつかの事業が連携して行うものについては、補助金化する。2020 年度以降、それらが拡充されていく。

9.2.3　水管理・国土保全局による復旧・復興事業　改良復旧による再度災害防止対策の推進

　かつては、災害復旧する時には、原形復旧と同じ金額分しか改良復旧はできないという制度があったが、2019 年に撤廃となり、かなり多くの金額を再度災害防止に充てることができるようになった。19 年の東日本台風の被害では、河川の災害復旧に約 1,509 億円が使われたのに対して、改良復旧には約 3,915 億円であった。

　下水道については、そもそも改良復旧事業がなかったのだが、今後作っ

ていく方向で進められている。今までは例えばポンプが一つ壊れたら、同じ容量のポンプを一つしか作れなかったが、それでは再度災害防止ができないので、ポンプの数を増やしたり、機能をアップしたりできるように制度が検討されている。

9.2.4　他局の取り組み

■都市局

・防災移転計画制度（居住誘導区域等権利設定等促進事業）の創設（2020 年 6 月、都市再生特別措置法改正）

市町村が“移転制度の確立や、危険区域からの移転についての計画”を作るための制度である。19 年 6 月に、都市再生特別措置法改正により創設された。市町村にとっては固定資産税情報などの活用が可能であり、移転に係る不動産鑑定等の費用についても財政支援が行われ、移転に係る開発許可手数料の減免、などのメリットがあり、施策を進めやすくなっている。

・防災集団移転促進事業の要件緩和（20 年度拡充）

危険地域に居住する人たちの移転について、今までは“住宅団地の規模が 10 戸以上などのハードルが設けられ、なかなか進まなかったが、

9.2.4　コンパクトシティなど、まちづくりのイメージ（国土交通省の資料より）

出典：令和 3 年度都市局関係予算概算要求概要　https://www.mlit.go.jp/page/content/001364068.pdf

今後はハードルを下げ、インセンティブを与えていく。

・防災指針を軸とした事前防災対策の推進（21 年度）

上記の延長で、防災指針をコンパクトシティ構想の中に位置づけて、移転を促進していく。

・災害ハザードエリアからの移転促進（21 年度）

民間の動きを促すためのインセンティブとして、予算と税制改正の 2 本立ての施策。

■住宅局

・地域の防災拠点となる建築物の整備促進（2021 年度）

激甚化・頻発化する大規模自然災害を踏まえ、地域の防災拠点となる建築物の整備を促進するため、大規模自然災害時における避難者等の受入れ施設の整備及びその耐震化に対する支援を強化するという施策である。

■不動産・建設経済局

・不動産取引時における水害リスク情報の提供（2020 年 8 月施行）

危険地域に済まざるを得ない人たちが迅速な避難ができるように、危険を認識してもらうための取り組みとして、不動産取引時に水害リスク情報を提供する。重要事項説明のところでこれを説明しなければならない義務を課す。今までも土砂災害のレッドゾーンについては説明が義務付けられていたが、それに追加する形で水害ハザードマップについても説明が義務づけられた。

■水管理・国土保全局、都市局、住宅局の連携事例

・「水災害対策とまちづくりの連携のあり方について」提言とりまとめ（2020 年 8 月）

水局、都市局、住宅局の 3 局で、まちづくりについて連携する。都市局のまちづくりが水災害に強いものとなるよう、ハザードマップなどの

リスク情報を水局が提供し、それをまちづくりに生かせるようにする。そのためのガイドライン作成などを実施。

9.3　インドネシアの事例～主に治水について

インドネシアの事例について、インドネシア統合水資源管理政策アドバイザー・菊田友弥さんに JICA 勉強会で報告していただいた。主に治水分野について、「量」（GDP 比でどのくらいの治水・防災投資をするのか）と「質」（技術的な計画、政策提言、技術基準等）の視点から以下に述べていただいた。

9.3.1　インドネシアでの量と質の「量」～投資額

インドネシアと日本の GDP の差は 5 倍だが、1 年当たりの災害被害額はだいたい同じ。災害被害額の GDP 比でみると、日本はインドネシアの 5 分の 1 の 0.1％である。日本では GDP の伸びは頭打ちになっているが、対 GDP 比の災害被害額は年々減少している。現在のインドネシアは日本の 1960 年代ごろと似た状況にあるので、今後、災害被害額の対 GDP 比を減少させていく段階にあるといえる。

1960 年代、日本は国家予算の 8％を防災投資に充てていた。その後、減少したものの、近年の災害の激甚化で投資が上昇傾向にある。インドネシアでは国家統計が限られているが、2016 年時点で見てみると、国家予算の防災投資の割合は 1％（日本は 3％）。治水投資については、日本はかつて 7％程度だったのが現在では 0.7％にまで減少している。インドネシアは 0.5％、治水専門組織のあるフィリピンは近年増加しており 3.6％。インドネシアはフィリピンに比べると国家予算比は少ない（2016 年時点）。これらのマクロ指標をまとめると、インドネシアでは、対 GDP 比のダメージが 0.5％、投資が 1％、治水投資は 0.5％である。

9.3.1 防災投資に係るマクロ指標（まとめ）

	INDONESIA	PHILIPPINES	JAPAN	
	2016	2016	Early 1970s	2016
Disaster Damage / GDP	0.5%	-	0.5%	0.1%
DRR Investment / National Budget	1.0%	-	Around 6.0%	3.1%
Flood Control Investment / National Budget	0.5%	3.6%	Around 5.0%	0.7%

出典：令和3年度都市局関係予算概算要求概要　https://www.mlit.go.jp/page/content/001364068.pdf

　インドネシアの水資源・防災投資計画、つまり「量」の計画を見てみよう。治水マスタープランとは異なる形で、国家計画、予算計画として、金額としてまとめているものがある。まず国家開発計画庁が中期国家開発計画（RPJMN）を作成し、公共事業・国民住宅省が戦略計画（RENSTRA）を作成、これをさらに水資源総局などの各局で作成、さらに事務所レベルで計画策定しているといったように、量の計画に対しては仕組みができている。

　インドネシアのインフラセクターをみると、年間3兆円程度のインフラ投資している。うち、公共事業・国民住宅省（日本の旧建設省の位置づけ）では、年間約1兆円が投資されており、予算は2016年以降伸びている。

9.3.1　インドネシアのインフラ関連国家予算

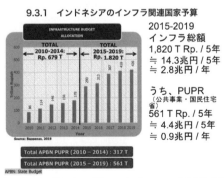

(出典) Coordination Meeting of Strategic Program of PUPR（2019.11）

インドネシアの総局は大きく分けて三局あり、人間居住総局、道路総局、水資源総局がある。2016 年以前は道路セクターが大きな予算を占めていたが、近年水資源総局が逆転傾向にあり、3,500 億円程度が配分されている。国の公共投資としての配分が変化してきている。

予算比は、2016 年の 0.5％から、2020 年には 1％と倍増している。3,500 億円の内訳をみると、ダム建設が 41.9％を占めており、増大する水需要に対して 5 年間で 65 のダムを整備するといった計画もあるほど重点が置かれている。

ダム建設に次いで、灌漑が 19.1％と二番目に多く、治水が 15.4％と三番目ではあるが最近増加している。一方で、歴代総局長は灌漑局長からは出ておらず、河川海岸局長の経験者が総局長に就任するケースが多いことから、予算規模と地位は一致していない。

9.3.1 インドネシア公共事業・国民住宅省（PUPR）総局別予算（2015-2020）

（出典）Coordination Meeting of Strategic Program of PUPR（2019.11）（為替レート）
1IDR = 0.00785JPY（2020.1）

一点強調したいのは、維持管理費が 10.2％と 4 番目のウェイトを占めていることである。他の JICA 支援国では、維持管理ができていないことがよく課題となっている中で、10％は大きい。治水専門組織のあるフィリピンの DPWH でも、基本的には建設がメインとなっており、かつて

は自治体に管理を委ねていたため、予算確保の観点から維持管理が疎かになっていたケースがある。その点インドネシアには維持管理局が本省にあり、直轄で予算確保して維持管理しているので、組織としては既にしっかりできているのではと思う。

一方、日本では、治水事業は約1兆円の内、維持管理には 2,000 億円（20%）となっている。このような相場観を持っていると国ごとに比較しやすい。

9.3.1　インドネシア公共事業・国民住宅省（PUPR）水資源総局 2020 年予算

	T Rp.	億円	シェア
治水	6.78	532	15.4%
ダム建設	18.44	1,448	41.9%
灌漑	8.40	660	19.1%
地下水・原水供給	2.60	204	5.9%
維持管理	4.47	351	10.2%
その他（諸費等）	3.27	257	7.4%
水資源総局計	43.98	3,452	100.0%

(出典) DIPA-2020, Ditjen Sumber Daya Air Kementerian PUPR(概算レート) 1IDR = 0.00785JPY (2020.1)

A: 治水＋ダム建設　　　　＝　25.22 T Rp. (1,980億円)
B: インドネシア予算歳出総額　＝2,540.42 T Rp. (19.9兆円)
Flood Control Investment / National Budget
A/B＝0.5%（2016年）　→　1.0%（2020年）倍増！

9.3.2　インドネシアでの量と質の「質」～治水計画

Sカーブ（5.2.2 参照）をみると、日本はステージ3で成熟しているが、インドネシアやフィリピンはステージ1を抜けてステージ2にある段階であり、まさに予防投資をやろうとしている段階にある。経済成長に伴いインフラ資産も増えてきたので、これが被災したら経済的ダメージも大きいことがわかってきたため、自分たちでやっていかなければならないということを自ら考えるようになってきている。

しかし、計画論にまだ問題がある。多くの流域で河道の年超過確率の計算はされているものの、ターゲットが明確でない、流域にダムがある場合でも河道と流域（河道）の配分が考慮されていない場合がある、といったケースがある。また、流量配分が計画されているのは、ブランタ

ス川、ソロ川など、日本が支援した一部の流域のみであり、その他の多くの流域が、5か年計画の予算配分や整備箇所の To Do リストを計画と称している。上下流バランスを考慮した河川計画の観点から優先順位や整備計画が検討されているのはソロ川流域のみである。

10. 災害を奇貨としての Build Back Better とは？

　防災関係者の中では、Build Back Better（以下、BBB）という考え方は以前から常識として存在していた。しかし定義や位置づけをはっきりさせなければ、実際の復興に反映できないと考え、2015 年の仙台防災枠組に入れることにした。この章では、BBB の定義、成功事例や失敗事例をみていく。

10.1　Build Back Better の概要

10.1.1　Build Back Better の定義、公的文章内での Build Back Better の紹介

　防災関係者の中では、Build Back Better（以下、BBB）という考え方は以前から常識として存在していた。脆弱なエリアがハザードに対して暴露（expose）する、つまり脆弱（vulnerable）なエリア、人、材料、対策がハザードに対して expose してくるからこそ被害が出るので、被災した対象だけか、社会全体かは別として、「より強く復興する」というのが暗黙知としてあった。

　2002 年に Jacquelyn L. Manday が、Natural Hazard Informer という雑誌の中で、"Building Back Better" というワードを使っている。文法的には "Building" が正しいが、途上国向けにわかりやすさを取り、"Build Back Better" とすることを仙台防災枠組の時に著者が主張して今に至っている。

　大阪大学の中村安秀教授がアチェ復興庁のクントロ長官の発言を参照した報告「ビルド・バック・ベター：アチェ地震津波支援から学ぶ」でも "Build Back Better" の思想について言及されている。

　さらに、2006 年 Clinton William が UNISDR（現 UNDRR）のレポートの中に、"Building Back Better" という言葉を使っている。

著者個人としては、2006年のジョグジャカルタの地震復興の際に、強くBBBを意識し、住宅再建で制度化した。

　最初にドナー間の公的文書でBBBが使われた例は、2009年のフィリピンの台風オンドイ時のPDNA (Post-Disaster Needs Assessment) レポートである。これは著者がアジア開発銀行（ADB）在籍時にFlood Controlチームとして関与したので、BBBなしにまとめるわけにはゆかず、強く主張し、記載させた。

　Foreword（序文）の段階で、"Building Back Better" という言葉を使用している。レポート内の項目 "D. Recovery and Reconstruction Strategy" の中で、最初に、Building Back Better is necessary, but it is not enough.... という文章がある。

　治水対策については、このBBBという言葉を、世銀に逆手に取られ、言いたいことを言われたままとなってしまった。

　"Flood Management: Given its vulnerability to flooding, protecting Metro Manila requires institutional changes, comprehensive planning, and investment in both restoration and new infrastructure.........existing flood management and drainage system should be restored.............A new institutional structure, building on the existing framework - with responsibility for managing floods and drainage in the entire catchment area of Metro Mania including Laguna de Bay, and with the authority and means to enforce agreed policies and plans - would greatly facilitate future flood management."

　JICAが実施中のマリキナ・パッシグプロジェクトの中で、洪水被害が起こってしまったことで、"existing flood management and drainage system should be restored" とか、A new institutional structure...." と書かれてしまい、後に禍根を残している。

　"Needs" の項目では、"Depending on an agreed strategy of reconstruction that implies "building back better", the value of estimated damage is adjusted upwards to take into consideration quality improvements, adoption of disaster-resilient standards of design and construction, and, in selected cases, relocation of activities to safe areas." とされ、"オンドイの時の復興戦略は BBB が基本コンセプトである" ということをドナー間では認めさせるという事になっている。

BBB コストも議論にあがり、"build back better" premise will require improved housing design and construction solution... とある。この時は、治水対策投資にもこの用語を持ち込んだ。この他、"B. Recovery and Reconstruction Program" の項目などにも BBB という用語が使用されている。

これ以降の PDNA には、BBB の記述が、ルール化はしていないものの、記載され続けている。世銀の PDNA をファシリテーションするグループの中では BBB は認知されてきた。

例えば 2011 年の TYPHOON HAIMA によるラオス被害の PDNA には、"Building Back Better and Longer Term Disaster Risk Management" とあり、"Building Back Better" で対策する旨が言及されている。また 2011 年のタイの洪水時のレポートにも、"Infrastructure should be build-back better (BBB), stronger, safer...." と記載されている。

しかし当時は、定義もバラバラで、実際の復興活動には殆ど反映されなかった。大事なのは、政策決定者や幹部との合意形成、どのように支援対象国の財務省などと合意するかであり、BBB を明確に定義づけし、暗黙知を定説化・常識化することが喫緊の課題と考えた。著者はそれを仙台防災枠組で位置付けるのがベストだと考えた。

仙台防災枠組の pre-zero draft では BBB の影も形もなかったが、結果的には仙台防災枠組に BBB が入り、定説・常識化できた。

10.2 仙台防災枠組交渉で日本政府として提案した Build Back Better の定義

仙台防災枠組交渉で日本政府として提案した定義は次の通りである。

"The "Build Back Better" concept is generally understood to utilize disasters as an opportunity to create more resilient nations and societies than before them through the implementation of well balanced disaster risk reduction measures, including physical

*restoration of infrastructure, revitalization of livelihood and economy/industry, and
the restoration of local culture and environment."*

　「5年しか治水能力がない川がダメージを受けたので、5年で復旧するのではなくて、30年計画で復旧しましょう」という話だけではなく、そこに"livelihood"（暮らし）も"local culture"（地域の文化）も含めている。

　いくら明示的、暗示的にBBBが常識だと言っても、一番大事な世界の標準化のチャンスの国連文書で提案、実現させるのは別の問題である。日本が、JICAが提案しなければ、陽の目を見ない"業界の一部で使われる用語"のままだった。

　今は「改良復旧」という言葉が普及しているが、もともと日本の財務省が認定していた災害復旧は「現況復旧」が原則であった。そういった日本の経緯との整合性をどうするかという議論も一度だけしたが、BBBを世界標準にするということで一致した。

　BBBは災害を契機としてDRRインフラ、クリティカルインフラ、産業構造、なりわいなど、被害を受けたあらゆるセクターをより災害に強いものに変える。すべての活動をこれに従って行うべきだ、ということである。

日本がBBBを提案した理由

　スマトラ津波支援において、スリランカの国家予算相当が一気に支援額として計上され、復興ドナー対応が政府の業務の8割に当たるようになってしまった。これをきっかけに、PDNAを作ることになった。国家予算の1年分に匹敵するような支援が、本来の復興目的に合致した形で使われているのか？という問題があり、これによってモラルハザードが起こり、玉石混交の焼け太りプロジェクトが次々に立ち上がってしまった。再度災害を防げるのか、対策がきちんとできているのか、問題となったのである。

　例えば、スマトラ津波のように 1000 年に 1 回の津波という Intensive Event を防ぐことは無理である。BBB に限らず、「国力に応じて、どの程度の防災投資をするか」という問題に帰着する。多額の金が落ちてきて使い放題になるとき、骨太な思想を持っていないと、無駄なものに使われてしまう。

10.3　発災時に Build Back Better として見る視点・対象

　予防防災投資の考え方と一緒で、時間を巻き戻してみて、この災害が起こる前にどのような対策を取っておけば被害が防げただろうかと考えることが基本である。

洪水の場合

　洪水災害の場合は、治水施設、堤防、護岸、橋梁、氾濫域にある公共施設などについて考える。

　橋梁などの関連施設については、河川計画で 10 年の断面しかできてない場合、せめて 30 年や 50 年の想定断面を設定して新しい橋梁を置かないと、橋梁部がネックになって改修ができなくなる。災害後、治水マスタープランを作る検討をしている間に、橋梁が前のスパンで建設されるということが、往々にして起こりがちである。

　氾濫域にある公共施設が被災したとき、同じ場所に作り替えてしまうことも起こりがちである。

　フィリピンはかなり優等生で、台風ヨランダの時も BBB について言及している。フィリピンのカガヤン・デ・オロ川流域では、3,000 の氾濫原不法住宅（スクワッター）が川の湾曲部にあったが、そこが洪水ですべて無くなった。当時のシンソン長官は、BBB の思想からして、もともと撤去しておくべき地域だったとして、その地域を再居住禁止地区として軍隊を動員してブロックをかけるという住宅再建防止策を立てた。

地震の場合

　地震被害については、死者の多くは住宅倒壊によるものである。だから住宅支援をする、というのは NGO の役割としてはいいが、JICA などのドナーは強い住宅が普及するような社会システムの構築を支援するのが JICA の役割である。

　政府のやるべきこと、民間でやることのレイヤー構造を意識したとき、一番上のレイヤーに政府の建物や DRR インフラ、主要地域の病院、警察署、災害復旧対応センターなどがある。これらは、どんな地震が来ても残るようにしないと、それ以下のレイヤーをサポートできない。

　セカンドレイヤーは、ライフライン、幹線道路、主要な学校、流通、行政サービス、サプライチェーンなど。サードレイヤーでは、地方の学校、産業、暮らしなどが機能しないと産業が壊滅する。

　最後の 4 番目のレイヤーに位置する個人の住宅というのは、個人が自分の財力に応じて建てる家であり、BBB の強制はできないため難しい。しかし、現在ある住宅の補強は日本でも相当に難しいので、被災後に強い家をつくるというのは、住宅に関しては唯一のチャンスに近い。

10.4　Build Back Better の事例

　この項の事例は、Build Back Better で博士論文を書いた永見光三さん（JICA）、2018 年スラウェシ地震を担当した大庭隆さん（JICA）の報告も加えながら、成功例や失敗例をみていく。

10.4.1　2004 年スマトラ沖津波におけるアチェの事例（BBB の失敗事例）

2011 年 9 月にアチェで調査をした。目的は、JICA 東北支部にて実施中だった東日本大震災復興支援（被災地コミュニティ支援）に資するための海外事例の調査であった。

　アチェでは沿岸から 2 km くらいまで津波が遡上し、約 20 万人の人口のうち 8 万人ほどがスマトラ沖津波で死亡している。その後、海岸沿

いには多くの住民が住むようになった。被災から10年間で沿岸部の人口は76.7パーセント回復している。「漁民は海岸沿いに住みたがるので、その人たちが皆被害に遭った」と言われていたが、それは本当なのか等、調査前に以下のようなさまざまな疑問を感じていた。

　本当に海岸沿いに住まなければならない漁業形態なのか？　津波被災地域に再び人が住んでいる理由は何か？　安全な背後地への移転するBBB計画があったはずだが、不評だったのか？　住民は安全なゾーニングを拒否したのか？　8万人死亡という被害を出しても、災害に強い都市は築けないのか？　同じ被害を繰り返すだけなのか？

　実際調査してみると、海岸沿いにびっしりと住宅が並んでおり、そこに居住している。アチェ復興庁の資料によると、津波に殆ど効果のない低い堤防と波消しブロックが津波対策として示されていて、再度の災害時に被害を受ける背後の住宅群には無頓着であった。1000年に1回の被害であればそれは仕方がないという割り切りが政府にあったのかもしれないが、そういう議論は殆どされていなかったと思われる。

10.4.1　インドネシア・アチェの津波被災地には再び人が居住している（筆者撮影）

災害に脆弱な都市を"再建"した理由

　災害に脆弱な都市を"再建"したことの要因として、政治的背景、ア

チェ復興庁の限界がある。アチェは独立運動があった州で、中央政府は支援資金が独立運動に流れるのを懸念していた。実際には独立運動拠点は津波で壊滅しており、大災害が独立運動の消滅の契機になったのはスリランカも同様である。

　必要再建住宅が4万戸であるのに対して、移住地の確保が十分でなかった。高台移転の権利を補償されたのは、津波水没地域の土地所有者か、借家人だけであり、被災地の全買い上げではなかった。その間にNGOの住宅支援競争があり、津波で流れた更地の上に住宅が再建されたことを、政府はやむなく追認したのではないか。しかも、海岸沿いの住宅の大半は安価に新規参入者に賃貸されている。

　JICAはアチェ復興庁とともに、海岸から2kmはno dwelling zone（産業・漁業施設は許容するが、個人資産は置かない）とし、バッファーゾーンをさらに2km造成し、住宅をシフトバックするなどの土地利用規制をした計画を立てていたが、アチェに行った半年後の時点では手遅れになっていた。次善の策として、避難道路と津波避難タワー（コミュニティビルという名前になっているが、年1回はここで避難訓練をしている）を支援した。

　当時のJICAによる「アチェ復旧・復興支援事業の実施状況表」を見ると、項目の上段に、コミュニティ復興や緊急援助が並んでおり、インフラの復旧などは下段の項目となっている。支援の発想が、非構造物メインになっていた。

10.4.1　インドネシア・アチェ沿岸部での現地再建の様子（筆者撮影）

アルデアトゥンゴ村落の住宅
2011年9月筆者撮影

アルデアトゥンゴ村落のコミュニティ・ビル
2008年3月筆者撮影

（JICA の永見職員による補足）

　移転団地の住民約 200 世帯にインタビューをした。パンテリエック地区（氾濫原に造成された工業団地の未利用地を利用、利便性は高い）と、ヌフン地区（市内から離れた高台で利便性は低い）である。

　多くの住民は、災害安全性が高いにもかかわらず、沿岸部よりも定住意思が低く、物理的な災害脆弱性を防ぐという観点では BBB と言えない。一方で、社会・経済的な視点でいうと、長年にわたる内戦の混乱からの脱却も含め、経済や社会安定の回復が迅速だったという効果は認められた。もし時間をかけて復興を進めていたとすれば、インドネシアの高度経済成長の波からアチェが取り残されることになり、社会経済的な不和をさらに巻き起こし、独立運動のさらなる高まりを引き起こしていた可能性もある。

　JICA 経済基盤開発部による「開発途上国における災害復旧・復興の経験から（国内における復旧・復興への参考事例）」最終草稿に、アチェへの支援実績の事例がある。スマトラ沖津波では日本政府が 250 億〜350 億円の支援を決め、JICA のアセスメントにより、350 億円のうちインドネシアで 250 億円、スリランカ、モルディブ周辺国で 100 億円の事業を作り、支援しようとした。

　その復興理念を見れば、当時の JICA のムードを理解することができる。

　理念：一人ひとりを中心にすえた復旧・復興、人々が希望を持てる復旧・復興を模索

　基本方針：自助・共助・公助・外助の役割分担と連携－共助（コミュニティ）と公助（トップダウン）アプローチの使い分け

　教訓：一人ひとりの状況、ニーズは違う。地域の状況、被災状況も違う。例えば被災した場所へ戻りたい人、戻りたくない人、強い人、弱い人、様々などである

　これを見てわかるように、再度の災害防止という観点が無く、極めて

NGO 的である。JICA の場合、支援対象国の中央政府を使ってどういうファシリティでどこをプッシュしたらどのような支援ができるのかを考えなければならない。上記の理念は、それ自体がおかしいわけではないが、問題は、そういう事をメインに議論するのではなく、それらを到達目標として達成するために、ドナーというファシリティは何を使って、政府のどういうところへインプットすればそれができるのかを考えないといけない。残念ながら当時はそういう観点があまりなかった。

10.4.2 2006 年ジャワ島中部地震におけるジョグジャカルタの事例 （BBB の成功事例）

2006 年 5 月 27 日に M6.3 の地震が発生、ジョグジャカルタは、イメージとしては、東京都町田市ぐらいの広さのエリアで 6,000 人弱が亡くなり、40 万戸ぐらいの住宅が被害を受けた。被害の規模としては、殆ど都市壊滅に近い。

ジョグジャカルタで住宅復興に踏み込んだ理由

住宅以外の被災は公共建築、学校、地域の保健所などがあり、その支援はどうするのかという議論があった。最初に外務省は、ローカル工法と施工で、できるだけ多くの学校を復旧したいと考えた。多くの学校がつぶれたので、例えば 40 校あったら 35 校を日本が支援できないかと言われた。しかし、ローカル工法で十分な耐震対策が施されていない学校を多く再建することで、50 年後の次の地震で人が死んでよいのか。現地で協議し、学校建設は拒否した。

当時、外務省ではこうした緊急建設復旧の議論は強かった。結果的に学校は 2 校ほど支援したが、それはあくまでも耐震性のある学校を日本が無償で支援して、そのプロセスできちんと耐震技術を普及させるということとペアで行った。

住宅復興にも踏み込んだ。死者の殆どは民間住宅から出たからである。地震の発生時刻が午前 5 時 45 分で、住民はみな家にいた。これが昼間

であれば死者は 3 倍ぐらいになって、学校に通っている子どもの大半が死亡していたはず。学校は殆ど倒壊していた。一方インフラの被害は殆どなかった。道路も水路も何も壊れていない。その程度の小さな地震だった。住宅がレンガ積みだったため、脆弱だったのである。

住宅補強方法

　ジャワ島中部地震災害復興支援における、住宅補強のインベントリ調査で、著者はいつでも使う S カーブの図を作成し、キー・リクワイヤメントの策定を行った。

　住宅補強のいろいろな工法を網羅的に並べていっても、実現不可能な場合が多い。コストが少なくても安全性が比較的高いようなものを選定すれば、例えばレンガ積みでも、プレートを巻く、窓枠をつける、あるいは巨大なレンガの壁はつくらないなど、いくつかのポイントだけ守ると、今までの耐震強度の 2 倍にはなる。その他の細かいジョイント工法などをいくらやっても、あと 1 割か 2 割の安全性が上がるだけなので、

10.4.2　キー・リクワイヤメントの規定内容を示すパンフレット

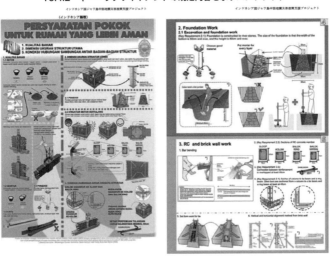

劇的に効果のあるものを3つだけ指定して、それだけ直してくれたら、復興資金を払うということにした。具体的な工法のパンフレットも作成した。

　それらを実行するために、それまで住宅許可申請というのは、年に3件ぐらいしか出ていなかったが、10万件を出してもらう必要があった。

10.4.2

DLINGO郡のPOSYANISの垂れ幕

POSYANIS職員向け建築申請研修

村での再建組合リーダーへの技術普及集会

出典：JICA ジャワ島中部地震災害復興支援プロジェクト竹谷ジェネラル・アドバイザー報告（2007）

10.4.2　補助金支給の流れ　JICA ジャワ島中部地震災害復興支援プロジェクト杉山専門家報告（2007）からの意訳

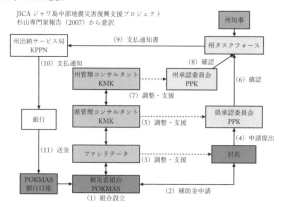

そのため役人の動員と教育、ガジャマダ大学の建築学科をフル動員して、オンサイトに 17 カ所の住民相談スポットを作り、その場で設計図を書いて、工法を指定する方法を取った。それぞれのオンサイトに相談窓口も整備し、建築申請を新たに受ける人のための研修や、それぞれの村での再建組合に対する技術普及集会（事情説明会）も開催した。

　ジョグジャカルタでは 10 戸から 15 戸の住宅で被災者にワンチーム（再建組合）を作ってもらって、その名前を付けてもらい、その組合ごとに銀行口座を開設し（合計で 8000〜1 万の口座を開設した）、その口座に 15 戸なら 15 戸分の復興資金を全額振り込むようにした。ジョグジャカルタは非常に古い伝統的な文化で、互助意識の高い町なので、"悪いやつが横取りしたりしない"ということがあり、例えば寡婦のところには手厚い保護を行うなど、各組合の裁量に任せた。結果的にアチェでは 2 年間で 6 万 8 千戸復興したが、ジョグジャカルタでは 1 年間で、耐震確認された 14 万 6 千戸の住宅復興が成った。

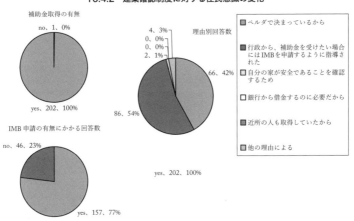

10.4.2　建築確認制度に対する住民意識の変化

出典：JICA 建築行政支援プロジェクト白川専門家報告（2008）

BBB の成功事例となった理由

　ジョグジャカルタの支援は、ドナー関係者の中で BBB の最初のうま

くいった例だと言ってくれる人がたくさんいる。それはなぜかというと、復興資金供与と強制力の持たせ方であって、JICA が提示した耐震補強を取り込んだ住宅以外には復興資金を渡さないという乱暴なことを、著者は現場でジャワ島の最後のスルタンと言われているブオノと協議して決めた。

　また、PU（公共事業省）を支援の実施から排除した。つまり、直接復興資金は、普通は今まで PU に流れて PU が住民の住宅申請にサインをして、そこに資金を渡すという流れだったが、そこは全部パスして、ジョグジャカルタ特別州から直接被災者住民に復興資金を渡した。これはインドネシアのカントリーリスクを避けるためだった。建設技研の短期専門家を入れて行った。

　2009 年ぐらいに行ったアチェの記念セミナーでインドネシア政府のスプラジョが、「アチェの復興支援は失敗で、ジョグジャカルタは成功したので、以降、復興はジョグジャ方式での支援を進める」と言った。上記の資金の運用方法などが実績として評価された結果と思われる。

10.4.2　アチェとジョグジャカルタの比較（JICA 地球環境部防災グループ・永見光三さん作成）

	北スマトラ（アチェ）	ジャワ島中部（ジョグジャ）
先方政府方針	政府主導再建(オン・バジェット以下"ON") 住民自主再建(オフ・バジェット以下"OF")	住民自主再建
住宅再建主体	NGO、国際機関、BRR(アチェ・ニアス 復旧復興庁)（ON） 住宅所有者（OF）	住宅所有者
資金の流れ	ドナー資金、国家予算⇒BRR(ON) UN ハビタット等⇒住民（OF）	国家・地方政府予算→住民
再建施工者	BRR⇒受託業者(ON) 住民 または 請負人（OF）	住民 または 請負人
住宅再建進度	68,881 戸／2年 Source: BRR (2007)	146,173 戸／1年 Source: Java Reconstruction Fund (2007)
JICA 支援 （住宅関係）	復興マスタープラン策定 （コミュニティビル設計含む）	建築行政支援（建築確認） 提案耐震強化技術の建築確認・補助 金支給条件への組込
JICA 支援 （住宅以外）	コミュニティ復興 経済復興・振興 インフラ復旧 地方行政人材育成 社会公共サービス（教育）	コミュニティ再建 地場産業再生 小中学校・保健所再建設計 青年海外協力隊
JICA 支援総額	約874百万円	約400百万円
無償資金協力支援	約146億円 （コミュニティビル建築含む）	約10億円

成功点と反省点

　復興プロジェクトレポートの著者の報告の中で、例えば支援のニーズについては、「制度的支援として、公共建築や民間住宅の支援がある」などを項目化した。また、「強度改善知識の普及支援」「Physical な再建ニーズ：災害無償」などの項目について記載し、BBB に係る項目である「建築強度改善支援」の中では10万戸以上の民間住宅を再建する方法論について詳述した。

　民間住宅再建が成功した原因は、行政の主体性が明確かつシンプルだったこと、日本の提案を行政システムの中で"州の政令"として制度化できたこと、ハンドリングしやすい被災規模だったこと（町田市程度の大きさのエリアであり、局地的な地震なので、車なら1日で端から端まで回れるので全部がグリップできる）、現地に根を張った駐在ジェネラル・アドバイザーの存在、などであった。また、インドネシアのNGO としてのガジャマダ大学と連携するなど、カウンターパートの熱意もあった。

　ただし、やれなかったこともあった。それは、行政誘導としての材料改善の工夫である。インドネシアでは、住宅は専門の大工さんが全部作らずに住民自らが作ったり、あるいはローカルな大工風の人が作ったりする。キオスクの軒先に鉄筋（フープ筋）が売っていて、それを買って自身で柱の中に入れて工事するので、そのフープ筋の品質や、どういう形で入手するのかなどを調べ直さないと復興できない。

　レンガ製造業者などに対する改善の行政指導をやりたかった。レンガには火焼きレンガ、乾燥レンガなどの種類があり、インドネシアでは火焼きレンガが主流である。イランやイラクでは乾燥レンガが主流だが、日干しなので非常に弱い。火焼きレンガや焼成レンガは、焼く方法、温度によって、強度が全く違う。著者が見に行ったら、積み上げて稲わらに火をつけて焼いている。これは中までは全然火が通らないので日干しレンガに近い強度しかない。

また、鉄筋加工業者などへの技術指導、無償プロジェクトを通じての建築強度向上の普及、これらは行ったが数が少なく、もっとやるべきだった。つまり、日本が支援する学校だけ強ければいいということではなく、相手国が支援する学校の工事関係者も教育訓練するプログラムをもっと入れるべきだった。JICAがこういった職能訓練を含むプロジェクトを作ればいいのだが、そういうのができていない。

　さらに将来に向けての改善点として、個別の専門家はどうしていくのか、それぞれの役割はどうするのか、それぞれの人の配置はどうするか、そういうことを全部レポートで提案していた。

10.4.3　2013年11月の台風ヨランダにおけるフィリピンの事例

　台風ヨランダは高潮（Storm Surge）被害をもたらし、フィリピンでの死者・行方不明者は約8千人である。

　フィリピン政府は、ヨランダによる被害の復興の対策法、防潮堤、海岸の補強は、自己資金によってでも、他のエリアにも展開したいという明快な意図を持っていた。ここが他の国と違うところで、フィリピン政府はアキノ大統領の時代にドラスティックにガバナンスが変わった。日本の技術を教えてもらって、自分たちでやれる範囲はとにかくやります、というクリアな意図があった。

　例えば海岸道路を防潮堤と兼用すること。著者が強く主張したのは「100%安全でなくてもいい、ヨランダクラスの台風が過ぎた後に防潮堤が1割くらい壊れていても構わない、それよりも防潮堤によって被害が少なくなる方が重要である」ということだ。これからフィリピン政府が海岸沿いに3,000kmに渡る対策をしなければならないので、可能な工法を提案してほしいとコンサルタントに要請した。無償の援助だと、こういうときにコンサルタントが提案してくるのは、両面コンクリートのリップラップで3kmしか建設できないようなものである。それでは、フィリピンが自力で3000kmまで展開できないのである。

　JICA の復興支援として漁業支援があるが、プリミティブな One day boat 漁業から養殖漁業に切り替えて、なるべく現金がはいるようなものになるように支援している。しかし、著者はちょっと意見が違っている。そもそも被災地域の主産業は何で、最も被害を受けたのはどの産業で、もともと国はこの地域を 10 年後にどういう産業構造に持っていこうと考えているのかということをすべてチェックしたうえで、その基幹産業になるべきものが今回被災していたらそこを助けるべきである。とにかく困った人を見たら助けてあげたいという非常にエモーショナルな発想の支援は、BBB ではない。ほかのドナーからは、cash for work、つまりその被災者たちを復興事業のプリミティブな作業（がれきの撤去など）に動員して、まずは凌いでもらうような支援が出てくる。当面の補填をしたうえで、その地域社会のありようを理解し、長期的な産業構造を支援するのが BBB ではないだろうか。

10.4.4　2015 年 4 月 25 日、ネパール地震におけるネパールの事例

　Mw7.8、ネパールでの死者・行方不明は 9000 人以上で、多くは倒壊建物によるものだった。2004 年スマトラ津波の時には NGO が競って一時的なシェルターや住宅の復旧を支援した。2006 年ジャカルタ地震の時は、永久住宅を作る前のシェルターについては、NGO が支援するまえに我々と州政府で全部止めた。ジョグジャカルタは暖かいのでシェルターは必要なく、恒久住宅を作る場所がなくなって建築も遅れるからである。

　それ以降、NGO が競って乗り込んで住宅支援することは殆どなくなった。やはり NGO もスマトラの支援をそれなりにまずかったと思っているからだろう。

JICA の永見光三職員による報告

　円借款 120 億円を住宅に、140 億円を約 230 校の学校再建に投入した。住宅再建はうまくいったが、学校再建はうまくいかなかった。

住宅は、8割方は技術指針どおりに作られた。当初は被災者のモラル
ハザードもあってうまくいかなかったが、時間をかけて、安全な家を再
建する意識を持ち上げていった。緊急住宅復興事業は4年かかって8割
であり、ジョグジャカルタと比べると大変遅い。しかしネパールの人々
は我慢強く、援助に安易に付和雷同しない。

　学校は、復興バブルのなかで劣悪な建設業者しか集まらなかったこと
が大きい。前払いしたお金が現場に行かなかったのではないかという噂
も流れるほどだった。

　水道復興は、住民たちの水の権利問題が処理しきれておらず、新しい
水道管を使うことができなかった。

　幸運だったのは、震災の前からJICAで用意していたリスクアセスメ
ントがあったため、将来のリスクを分析しながらBBBを進められたこ
とだ。

　ただし、地方防災計画は応急対応や避難ばかりになってしまい、構造
的BBBには踏み込めなかった。首都強靱化計画も、日本の強靱化の丸

10.4.4　JICA 作成の耐震住宅モデル

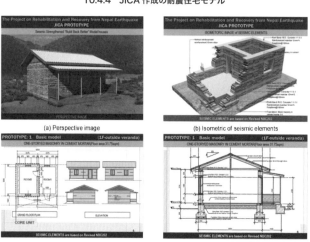

(a) Perspective image　　(b) Isometric of seismic elements

(c) Plan and elevations　　(d) Section detail

出典：JICA Study Team

写しのようになってしまった。

10.4.5　2018年スラウェシ島地震における事例（JICA の大庭職員の報告）

2018年9月28日、インドネシアのスラウェシ州でマグニチュード 7.5 の横ずれ断層地震が発生した。死者行方不明者 4000 千人以上の大きな被害をもたらした原因として、地震後の液状化により大規模な地滑りが生じ、多くの方が生き埋めになる事態が複数個所で発生した。さらに複数か所で海底地すべりが発生し、津波による沿岸部への被害が生じた。

　山の斜面が 6 度程度の場所でなぜ 1 km も土砂が滑って家が流されるのだろうか。

　すべり初めの部分は深い谷のような段差になっており、流れた方に行くと地面が数メートルにわたって盛り上がっているという、押しつぶされたような現象が起きていた。

　発災翌週の 10 月 3 日には、国家開発企画庁（BAPPENAS）局長から、日本だけに復興支援を依頼する打診があり、10 月中に復興のマスタープランを作ってくれということだった。既存にあったものを活用しながら復興基本計画（ブループリント）を形成した。発災 3 ケ月後の 12 月 28 日に復興支援の要となるプロジェクトが立ち上がり、翌年から本格的に復興支援が始まった。

　スラウェシ州の復興をメインにした事業としては、技術協力、無償資金協力、セクター・ローンなどの様々なスキームがある。下段がそれも含めた関連する防災事業が描かれている。

　津波対策については、アチェの教訓を生かしながら、よりよい復興が実現できている。沿岸から津波で被災した地域を中心に、バッファゾーン（レッドゾーン）を設け、基本的には建物は作らないゾーンとし、その後ろには Elevated Road（防潮堤道路）を整備し、氾濫は許容する。その背後地のイエローゾーンでは建物の一階は非居住空間とし、津波が通過することを許容するという住宅建築の整備案を立て、さらにその背

後のグリーンゾーンに住居等を整備するといった、まさに東日本大震災の復興の経験も生かされた多重対策として、BBB が体現されている。

10.4.5　BBB を体現した津波対策（JICA 報告書より）

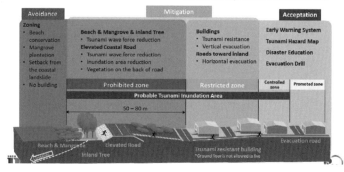

一方で、支援してきた国家防災庁（BNPB）のパフォーマンスと JICA の反省点もいくつか挙げられる。BNPB は 2007 年、スマトラ沖地震後に設立された中央防災機関で、事前防災から復興までを所掌する機関だが、現場の応急対応のみに携わり、復興においてはほぼ存在感がなかった。実際の復興は、発災直後から国家開発企画庁（BAPPENAS）が主導していた。復興プロセスを通じて BNPB を巻き込み、存在感を高めることに貢献できなかった。

　JICA としての課題を挙げる。一つ目は、JICA 内でのマネジメントに関する課題。初期段階でのトップとのグリップ、ODA としての支援や期待のコントロール、組織、プレーヤーの全体の意識統一など、ICA 内でのマネジメントができていたのかという点に、課題や疑問を感じた。二つ目は、BBB という概念が先方政府、JICA で認識されていた一方で、その本質やロジック、ストラクチャーは十分理解されていないという点

である。関係者の間には BBB への理解の差があり、防災インフラ、重要インフラ、生計回復のどの点を重要視すべきかといった意思統一が十分にとれていなかった。三つ目は、なりわい支援の課題である。

　復興支援にあたって大切なのは、まずは上層部のトップコール、大臣クラスや意思決定者との関係、そして二番目は現場とのコミュニケーション、三番目はそれらを支える技術的な専門性、そして四番目がこれらを全体として俯瞰したマネジメントである。その中で、今回大きな役割を果たされたのが、国交省から派遣されていた 2 名の直営専門家の方で、現場でのグリップに大変力を発揮していただいた。だが、上層部を握る（トップコール）が、当初十分ではなく課題があった。

　教訓を述べる。一つ目は、過去の復興支援の経験から、復興協力の「勝ちパターン」「黄金の型」が抽出されていないこと。JICA 内での暗黙知としてはあると思うが、いざこの瞬間に災害が発生した場合に、どういう風に動き出して、どういう風に押えていかなければならないのかということが、果たして浸透しているのかという点は、今後の教訓である。

　二つ目は、重要なのは上流の押えの部分であるという点。特にプレーヤーが乱立する復興支援では制空権をとらないと陸上は泥沼戦となって混乱する。

　三つ目は、復興支援は難しいという点。力量を持ったプレーヤーに加え、統率されたマネジメントの両立が不可欠。多くの要素が求められる。

11. 途上国における地方防災計画

11.1 日本と途上国の地方防災計画は似て非なるもの

　開発途上国における地方防災計画の策定の際、コンサルタントは日本の地方防災計画の目次をそのまま引っ張ってきて、途上国の地方防災計画を策定するという事を繰り返してきた。仙台防災枠組が終わってから、著者はそのやり方は根本的にまったく違うと発言する必要があることに気づいた。

　日本は、一定の防災投資水準が達成されている状態であるため、市町村の役目は、その上で残る残余リスクの対処となり、地方防災の内容は発災対応（response）になる。日本は少子高齢化に伴う予算逼迫や用地買収ができない等の問題があり、更なる増強（防災投資）は難しいため、日本の地方防災計画は残余リスク対処にならざるを得ない。構造物での対策は相当やってきており、気候変動のリスク増分への対応は構造物対策では難しいため、「流域治水」という言い方で、これまでの"防ぐ"ような洪水対策から、被害を最小化する対策に変わってきている。

11.2 途上国の防災対策の現状

　途上国は防災投資が未熟なので、最低限の防災投資をしなければ、Extensive Event（頻繁に起こる災害）を防御できない。洪水を例にすると、自然堤は3年、あるいは5年確率規模の洪水しか防げないため、自然堤防しか存在しない途上国では頻繁に被災し、社会資本（国富）のストックができない。国富がストックできていないため、途上国は被災からリカバーする力もない。これはレジリエントでないと言える。ゆえに、必要最小限の構造物対策が絶対必要であると言い続けている

11.2　途上国では予防防災投資はまだ十分ではない

防災投資が未熟な途上国における地方防災計画のあるべき姿

　途上国の地方防災計画のあるべき姿は、ハザードによって全く違う。

　経済被害が一番大きい洪水の場合、予防防災投資をして構造物ができるまでの間、残余リスクにどう対応するか、という議論は出てくる。

　人的被害が一番多い地震の場合、公共設備・インフラの耐震化が最優先だが、人的被害の大半が民間住宅で起こるため、民間住宅の支援に流れてしまうことが課題としてある。

　津波の場合、津波堤防建設などはおそらく途上国では全く無理だ。津波が低頻度であるがゆえに、土地利用規制もなかなか難しい。津波に対しては現実的には、避難対策ぐらいしかない。

　地すべりはさらに便益（B/C）が低いので、土地利用規制というのが有効な手段であるが、現実的には山間部は土地利用規制をかけるほど市街化していないので、だいたい放置されている。これも現実的には、避難対策ぐらいしかない。

　上記の点を考慮し、仙台防災枠組で「予防防災投資を加速するための仕組みを地方防災計画で規定すること」を決めた。

　地方防災計画が有効に働くためには、「どのエリアにハザードがあって、対策はどういう事が想定されていて、中央政府はどういうことを考

えており、ゆえに地方自治体は何をするのか？」を考える必要がある。

　例えばマニラだと、マリキナ・パッシグ川の本川の治水対策は交通事業道路省（DPWH）がやるが、内水排除のポンプについては市が対応する、という風にテリトリーをはっきりと分けている。これはとても割り切ったやり方で、日本以外でこのようにクリアに中央と地方の役割分担を決めて事業をしているところは初めて見た。同時に、危険な氾濫原では1階に資産を置かないようなピロティ住宅建築などの対策を取るべきだが、そこまではいってない。内水排除ポンプの設置は、中央政府が堤防を全部作ってしまう事が前提となっており、地方政府は堤防の完成を待って2年後にポンプ設置を行うなどの役割分担をしている。フィリピンは地方防災計画として作ってはいないが、非常にこの理念をよくわかっている。

　ドナーとしては、計画ができて予算が取れて動く事が確認できたら、あるいはその対策が長時間かかることが明確なら、残余リスクに対する方策をセカンドベストとして考慮することが進むべき次の段階である。ただし、これについては他のドナーでも対応可能である。JICAしかできないわけではないので、我々JICAが傾注すべきは、そうしたロードマップを含めた全体像を描くことである。世銀やアジア開発銀行は目先の融資だけを優先したプロジェクトを作ってくるので、我々は自覚とリードによって、その国、その地域にとって、一番いい計画を根付かせていく事が必要となる。

11.3　仙台枠組のターゲットeの達成に向けた仙台防災枠組策定後の議論

　仙台防災枠組のターゲットeは「国家・地方の防災戦略を有する国家数の大幅な増加」である。

　殆どの国は国家レベルの防災戦略はできている。地方レベルの防災計画・戦略は、既存リスクの削減を目指すところから始まる。そのために

は各国の地方政府が自力で作成できる"高級でなくても実務的"なハザードマップ作成技術が必要だが、これは無い。

　そもそものスタートのハザードマップをどうしようかという議論は、2016年仙台防災枠組策定直後に、ジュネーブで開催された国際科学技術者世界大会に、全世界のアカデミアが集った。その場で著者が言ったことは、「重箱の隅をつつくような技術は途上国には必要ない、殆どの技術は60点台には来ているので、あとはそれを使って、実行するだけの段階である。あまり高級なことを言って、むしろ実行を止めるような事をしてほしくない。BBBなどの課題もあるが、将来の開発で、新たなリスク発生を防ぐ事はクレバーな対策を打てばできる。アカデミアに対しては、実務に応用できる気候変動の将来予測というのが今一番ニーズとしてあり、それを行ったうえで、"適切かつ実務的な土地利用計画・土地利用規制"や、"将来を見越した手戻りの少ない投資"（low regret investment）を考えるべきである」。

11.3　ターゲット（e）を2020年までに達成するために

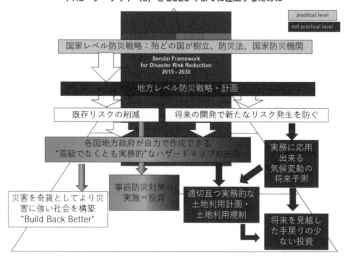

11.4　8ステップの目的

　地方防災計画の策定のため、JICA では 2017 年に 8 ステップという方法論を策定した。地方防災計画は発災対応にフォーカスしているものが多いので、事前防災投資を促進しつつ、残余リスク削減に貢献できるガイドを作成しよう、というのが目的である。

Step1.　Confirmation of hazard　その国のハザードの把握

　その国のハザードは何か、中央政府が決めている対策の範囲を理解すること。気象のデータ、地質学的なデータ、公共事業省のデータ、過去の災害履歴など。例えば洪水対策であれば、5 年後に何が計画されているのか等を把握しておかなければならない。何も計画がなければ、計画がないということも把握しておく必要がある。自助、共助という前に、公助の計画を確かめること。

　コンサルタントが 2 年間かけて氾濫解析、ハザードマップを作るような計画よりは、過去の災害履歴から、ざっくりとした計画を立てる事の方が十分効果的である。時間と予算を考え、何を優先してくかを考慮することが大切である。

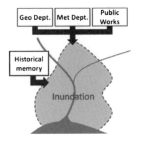

＜図の説明＞上側のエリアは公的なデータがあるが、左側には過去の災害履歴のデータしかない。

Step2. Understanding of local disaster risks　地方のリスクを把握

　ステップ１で分かったハザードに対して、暴露（exposure）を重ねて、どこがリスクなのかを考える。

　中央政府が把握しているのは巨大な外水氾濫だけかもしれないが、地方政府にとってみれば、その前に内水氾濫が起こることがあり、地方にとっては影響が大きい。開発・発展によって、今は隠れているが、いずれ起こるであろう「将来のリスク」を把握することが大切で、これは地方政府でしか把握できない。

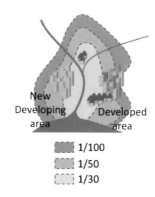

<図の説明>右側は開発されているエリア、左側はこれから開発されるエリア。30年に１回、50年に１回、100年に１回の確率の洪水のリスク（ハザード）があることがわかる。

Step3. Confirmation of DRR measures by national and upper authorities　国・関連機関の災害リスク削減計画を確認

　ステップ２までに分かったリスクに対して、上部団体がどのような計画をしているか解する。中央政府が決めている各地方の災害対応計画を参照しなければ、地方防災計画は成り立たない。

＜図の説明＞フェーズ1：右側の開発されているエリアに堤防を敷く。フェーズ2：上流にダムを建設する。フェーズ3：左側の新規開発エリアに堤防を敷く。

Step4. Identification of Residual risks considering time-span　残余リスク明確化

　タイムスパンを見ると、中央政府が手をつけられず残るリスクがあるため、残余リスクに対応できる減災対策を立てなければならない。

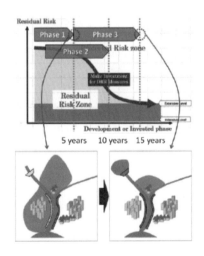

＜図の説明＞フェーズ1〜3をタイムラインに落とすと、フェーズ1の

堤防は5年後に完工する予定、フェーズ2も同時並行で10年後にダムが完成する、フェーズ3の新規開発エリアでは堤防の建設が5年後に開始、15年後に完成。それぞれの段階でリスクは減るが、完成までの間にやるべきことは何かを考える。また、フェーズ3までやってもリスクが残っている部分が出てくるので、そこにフォーカスした対策を考える。

Step5. Consideration of DRR measures to reduce residual risks　災害リスク削減策リストアップ

　構造物対策は完成までに5〜10年はかかるので、その間に避難計画など他の対策を立てる。避難は、構造物が完成するまでは3年に1回しなければならないかもしれないが、構造物ができれば30年に1回で済むかもしれない。そういったタイムスパンを見て計画を立てていく必要がある。

　もし、防災の主流化がされなければ、タイのように氾濫原のど真ん中に工業団地を作ってしまうような状況が起こりうる。防災機関単独では何もできないので、そのエリアの行政主体を巻き込んで開発計画を確認し、災害対策を行う必要がある。

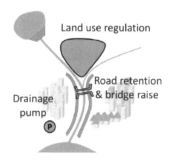

<図の説明>最後までリスクの残るエリア（北側の逆三角形のエリア）は人が住みつかないように土地利用規制をする。堤防ができる右側のエリアでも橋のかさ上げなどが必要。左側もポンプの整備などが必要。

Step6. Developing of local DRR plan with prioritized DRR measures 災害
リスク削減の優先順位付け

　限られた予算の中での対策ならば、一番効果的なものから進める必要
がある。投入した金に見合う、効果が大きいものからやっていく。

＜図の説明＞優先順位1：土地利用規制　2：堤防ができる5年先まで
の間の避難計画を考える　3：堤防とダムができる15年後までの避難計
画を考える

Step7. Allocation of budget from both local and national government　国と
地方からの予算取り

　限られた予算の中で割り当てや優先度を考えるうえで、タイの
NEDA、インドネシアのBAPPENASなど国家の開発計画を管轄する省
庁を巻き込む。防災以外の問題についてもその順位付けを変えることも
含め、地方計画を作る必要がある。

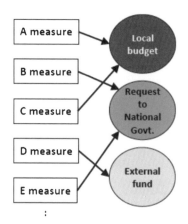

Step8. Implementation of DRR measures and periodical review of DRR plans
計画実施・モニタリング・更新

　そのようにして決めた計画を実施するが、定期的なレビューが必要である。

12. 途上国、特にアフリカにおける防災の主流化

　防災の主流化（mainstreaming）とは、災害リスク削減（DRR）その
ものを目的とするセクター以外にも防災を配慮させることを指してい
る。DRR 投資自体が当面見込めないアフリカでは、この「防災の主流化」
以外に防災の手立てがないのが現状だ。この章では、JICA の稲岡美紀
さんの報告から、アフリカの現状と課題、防災の主流化に向けて必要な
ことは何かを考える。

　ちなみに、著者は個人的には TICAD（アフリカ開発会議）の開催も
含めて、アフリカの支援を日本がする必然性があるのかと前々から思っ
ている。奴隷制度によって搾取して今日の繁栄を築いたヨーロッパが、
少なくともあと 200 年くらいは支援すべきと思っている。

12.1　アフリカの状況と防災の主流化の可能性

　防災機関が実施する対策というのは、ステージが 3 つある。① Re-
sponse Oriented（発災対応）② leadership for mainstreaming & pre-invest-
ment（主流化と予防へのリーダーシップ）③ Holistic approach for resid-
ual risks（残余リスクに対する総合的アプローチ）である。アフリカやブー
タンなどは、発災対応すらままならないステージ 0 であり、発災後の緊
急援助しか、なすすべがない。

　ステージ 1、2、3 の国々は開発イシューとして防災を捉えられるため、
防災の議論を SDGs とドッキングすることが可能である。一方、ステー
ジ 0 の国々は人道イシューとして防災を扱わなければならない。

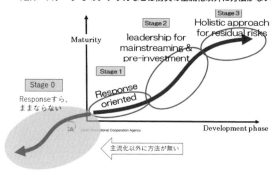

12.1.1　負のスパイラルからの脱却と持続可能な開発

以下、12.1.1 から 5 は、JICA 稲岡職員の報告

　JICA は、「貧困と災害の負のスパイラルからの脱却が、持続可能な開発につながる」と発信しており、これが SDGs 達成にも大切である。貧困国が多いアフリカの国々が、災害の影響を繰り返し受けることで貧困から脱出できないのであれば、アフリカで防災をやっていかなければ SDGs の達成や世界の貧困の解決はできない、ということになる。

　一方、JICA 防災支援の実績を見ると、アフリカへの支援実績はアジアよりも少ない。世界銀行が実施する融資では、東アジアと太平洋に次

12.1.1　アフリカにおける災害は件数のわりに死者が多く、干ばつが主な原因である

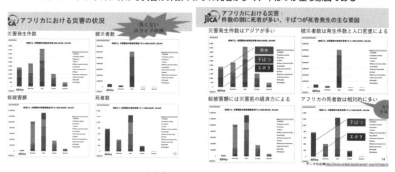

データ出典　https://www.emdat.be/

いでアフリカ向けの支援が量的に多いように見えるが、実際には干ばつ対応や緊急支援が主で、防災支援は少ない。ただし、緊急支援の食糧援助なども防災の中に入っている。

12.1.2 2019 年の大型サイクロン・イダイの例

2019 年 3 月に大型のサイクロン・イダイ（Idai）が、モザンビーク、マラウイ、ジンバブエ、マダガスカルに上陸した。モザンビークでは死者 600 人超、負傷者 1,600 人超、被災者は約 185 万人。マラウイでは死者 60 人、被災者約 87 万人。ジンバブエでは 4000 棟以上の建物が被害を受けた。復興に必要な額は推定で約 400 万米ドルであった。

翌 4 月には、サイクロン・ケネスがモザンビークとコモロに上陸、被害規模は約 100 万米ドルだった。

同年 8 月に横浜で TICAD（アフリカ開発会議）を予定していたこともあり、アフリカ議連が対応の検討に尽力した。自民党の国際協力調査会がこの時に提言を出し、「サイクロン被害により "防災の重要性" を再認識させられた。これを受け自民党としては防災の支援を一層推進・拡充する」とした。しかし、被災した現地の人々が本当に防災の重要性を認識したのかどうかは疑問がある。

私（稲岡）が打ち込んだテーマが 2 つある。

1 つ目は、①シームレスな協力が必要②ハードソフトの両面をやる③メンテナンスもやる必要がある、という点を含めたこと。

2 つ目は、今回のサイクロンはモザンビークでも北の方が被災したが、エリアとしては今後どこが被災するかは分からないので、被災地だけに支援を集中するのではなく、モザンビークでやっている支援全部に防災の視点を入れていく必要があるということ。実際にやっている経済回廊開発、農業、電力、橋梁などの支援全てに防災の視点を入れていかなければ、サイクロンが来るたびに作っているそばから壊れてしまう。

モザンビークの都市ベイラで、国家災害対策員（INGC）を実施機関として、強靭なプロジェクト作りを支援した。防災計画策定、ハザードマップ作成、避難計画策定、マクルンゴ小学校の復旧、職業訓練校の再建、保健施設の修復を行うというものだった。保健施設の修復は、サイクロンで屋根が飛んでしまい、それ"恥ずかしいので建て直す、ということだった。

　実際の現地写真をみると、対象地域は真っ平な土地であり、避難計画策定が非常に困難な地域だと分かる。たくさんの建物がある中で小学校1校だけを直してどうするのかという疑問も生じる。本当であれば、壊れない橋、壊れない道路、壊れない河道付替の設計基準作りなどを、他ドナーと共に統一基準でできれば良いと思ったが、そうはならなかった。

　このような支援内容になった背景は、災害後の復旧なので Build Back Better をする必要があった、ドナー間の縄張り問題で他分野に唾をつけられていた、災害後だからクイックインパクトを見せる必要があったなど、さまざまな事情があった。

アフリカの干ばつ対策

　災害発生件数はアジアが多いものの、死者数はアフリカが相対的に多い。干ばつとエボラ等の感染症の影響である。一方で、アフリカの被害額が少ないのは、発災前の経済力が小さいため、失うものが少ないことを反映している。

　アフリカにおいて、最も死者数が大きいのは、干ばつである。干ばつには、気象学上の干ばつ（降雨量の不足）、水文学上の干ばつ（土壌の水分量不足）、農業の観点からみた干ばつ（農業生産、用水の不足）がある。干ばつで死ぬのは、脱水症状などではなく、土壌劣化や砂漠化により農業生産が減少し、食糧が不足することに起因するようだ。食糧減少が問題なのであれば、食糧援助という方法もあるので、人災のカテゴリーである。生産力が下がるさまざまな要因に加えて、インフラの不備で物資が十分に届かない等の観点から見ることもできる。

このように、干ばつに対するキーワードは「食糧」である。

JICA の防災グループは、農村開発部（当時）に相談した。「農業・栄養タスク」に取り組んでおり、インフラ整備、節水灌漑技術、栽培技術等の課題に取り組んでいた。そこで、干ばつは防災タスクではなく、農業タスクにあたるという整理を行った。

12.1.3　アフリカでの防災協力の教訓は？　何が必要か？

TICAD（アフリカ開発会議）は、1993 年以降、日本政府が主導し、国連、国連開発計画（UNEP）、世界銀行及びアフリカ委員会（AUC）と共同で開催する国際会議で、アフリカの開発をテーマとしている。単なる人道的な支援にとどまらず、官民一体のアフリカ開発や、質の高い成長も目指すなど、ビジネス分野の新規マーケットの開拓も意図としている。

2013 年の TICAD V（横浜）公約では、「災害リスクを軽減して持続可能な開発の促進」を打ち出した。

2016 年の TICAD VI（ナイロビ）の実施計画では、「横浜行動計画2013-2017 は、TICAD VII まで有効とし、引き続き実施するとともに、気候変動と防災の課題に引き続き取り組む」ことを挙げた。

2019 年 TICAD VII（横浜）では、大きな柱の中からは外れたが、人間の安全保障、SDGs の実現の小項目として、「災害に強い社会づくり」に取り組むことが記された。

12.1.4　これまでの防災協力から見えた課題

2019 年当時、それまで JICA が実施していたアフリカにおける防災協力は、①技術協力プロジェクト：気象予測予防能力強化（モーリシャス斜面災害、モザンビーク洪水対策）、災害対策（モザンビーク、モーリシャス）、②無償資金協力：気象レーダー整備（モーリシャス）、③円借款：チュニジア（洪水対策）となっている。これらは、TICAD V の公約である「アフリカ島嶼国を中心とした防災支援」の一環で実施された案件である。

モザンビークの気象観測予報能力の強化について言うと、世界銀行が古くに入れた気象レーダーを世銀が修理し、JICA がデータ処理を指導する予定だったのに、実際には修理がうまくいかず、結局レーダーが全く使えなかった。気象観測をやりたかったが、対象国の電力・通信網が安定していないために、当初の目的が果たせなかった。このように、防災の以前に、安定した情報伝達のためのエネルギー供給が課題となった。

　モーリシャスの斜面災害対策では、行政の責任範囲が課題になった。警報を出すにあたって、責任を取ることに躊躇して、政府が判断できないというガバナンスの問題があった。

　課題を整理すると、以下のようなことに集約できる。
・先方政府の予算がない。
・理数科の知識を持つものが少なく、正確な計測ができない。
・通信・電力など基礎インフラが不足している。
・災害に対する援助が当たり前になっていて主体的な対応に慣れていない。
・住民が被災後の支援を当てにして意味のある避難訓練ができない。

　レベル 0 の国の三大妄想として、ドナーがハザードマップ、早期警報システム（Early Warning System）、データベースを作ってくれれば、住民が勝手に逃げるだろうと思っている節がある。これらの閾値や判断基準を決めるのは人間であり、ドナーが決めて与えることは、現地の防災行政能力の形骸化に繋がる。支援をすればするほど、現地の行政機関では彼ら自身がやらなければならないことがわからなくなる。ドナーの責任としては、支援の額面競争ではなく、身の丈に合った、本当に必要な支援であると考える。

12.1.5　仙台防災枠組のアフリカへの適用について
　優先行動 1「災害リスクの理解」について。サイクロンが襲来したら、

学校が破損し、住宅は全壊する。災害後に建物を修復する、という短絡的な方法ではいけない。

　優先行動2「災害リスク管理のための災害リスクガバナンス」について。行政の所掌、責任の定義、予算、職員数などを考えなければならない。そのうえで、治水と利水のバランスや、気象局の所有するデータの扱い方、警報発令の方法や伝達方法（テレビなのか携帯電話なのか等）について検討しなければいけない。

　優先行動3「強靭化に向けた防災への投資」について。必要なインフラは何か、他のドナーの投資をどこへ向けるのかを厳選しなければならない。自分たちのやりやすそうな Early Warning System、治水インフラ、危機管理型水位計の設置などに飛びついていないか？　コストのかからない技術として、国交省の危機管理型水位計が流行りだったが、日本の危機管理型水位計が SIM フリーでなかった上、携帯電話網もなく全く使えなかった。できそうだ、流行っている等の理由から安易に決めてはいけない。

　優先行動4「効果的な応急対応に向けた準備の強化と Build Back Better」について。ハザードマップ、避難訓練、復旧、壊れた学校の修復をすればよいのか？　安易に考えてはならない。

　相手国政府が防災を政策の優先課題と位置付ける、あらゆる開発政策計画に防災の観点を導入、防災への投資を拡大するというのを TICAD へ打ち込んでほしい。

13. 残余リスクへの対応策

residual risk（残余リスク）とは、さまざまな対策を取ってもなお残っているリスクをどうするか、ということ。途上国では、まだ構造物での対策を取る余地があるので、はなから残余リスクの議論をするのは、好ましくはない。

13.1　残余リスクの定義（2009 年 Terminology と 2016 年 Indicator）

仙台防災枠組の本文では、残余リスクという言葉は使用していない。

2009 年の UNISDR（国連国際防災戦略事務局）の用語解説（2009 UNISDR Terminology on Disaster Risk Reduction）と、2016 年の UNDRR（国連防災機関）の Indicator (Report of the open-ended inter-governmental expert working group on indicators and terminology relating to disaster risk reduction) は同じ定義をしている。

Residual risk : The disaster risk that remains in unmanaged form, even when effective disaster risk reduction measures are in place, and for which emergency response and recovery capacities must be maintained.

残余リスクへの対応の定義は、予防防災投資が十分に行えていない状況下での "crisis management" に近い意味になっている。

注釈として、以下のように述べられている。
Annotation : The presence of residual risk implies a continuing need to develop and support effective capacities for emergency services, preparedness, response and recovery together with socio-economic policies such as safety nets and risk transfer mechanisms, as part of a holistic approach.

UNDRR 他の用語の中にも、残余リスクは記載されている。

　"Disaster risk reduction" の中では、【Disaster risk reduction is aimed at preventing new and reducing existing disaster risk and managing residual risk, all of which contributes to strengthening resilience and therefore to the achievement of sustainable development.】。この中で、残余リスクは"disaster risk reduction" の中の一部であると言っている。

　Disaster risk の定義の中では、【Residual risk is the disaster risk that remains even when effective disaster risk reduction measures are in place, and for which emergency response and recovery capacities must be maintained. The presence of residual risk implies a continuing need to develop and support effective capacities for emergency services, preparedness, response and recovery together with socio-economic policies such as safety nets and risk transfer mechanisms, as part of a holistic approach.】。これは先ほどの、元の残余リスクの定義とほぼ同じである。

　"Disaster risk management" の中では、【Disaster risk management is the application of disaster risk reduction policies and strategies to prevent new disaster risk, reduce existing disaster risk and manage residual risk, contributing to the strengthening of resilience and reduction of disaster losses.】、【Annotation：Disaster risk management actions can be distinguished between prospective disaster risk management, corrective disaster risk management, and compensatory disaster risk management, also called residual risk management.】。

　耳慣れないであろう "Compensatory disaster risk management" は、activities strengthen the social and economic resilience of individuals and societies in the face of residual risk that cannot be effectively reduced. という意味。"cannot be effectively reduced" ということで、何をしても減らないリスクもあるということを、深く考えずに Terminology として 2016 年に定義している。何をしても減らないリスクがあると記載している意味は、slow onset event（ゆっくり進行するが、不可逆的に絶対元には戻ら

ないリスク）が、頭の中にはあったということである。slow onset event
を明記すると、「気候変動を起こした先進国が全部費用負担する責任を
取れ」という議論につながるので、slow onset event と明記されていない。

安易な「保険」への警鐘

"Compensatory disaster risk management" の取組の一つに insurance（保
険）が含まれている。

保険については、仙台防災枠組の初期の段階で巨大な保険会社が暗躍
し、保険を仙台防災枠組の優先行動の柱の1つにしたいという動きが
あったが、著者がその場のディベートで全部止めた。

何度も述べてきた「Sカーブ」の上の方に来た時には、保険も必要で
ある。例えば、今の日本の治水事業はこれ以上の大幅な対策ができない
段階なのに、気候変動や超過洪水に取り組まざるを得ない。そこで、や
むを得ず、被害をなるべく小さくする方向へシフトしている。残余リス
クが何であるか、日本ではクリアになっているので、日本国内で保険を
使うことについては、著者は何も言うつもりはない。

しかし、途上国では残余リスクが多すぎて、保険より先にやるべき投
資があるし、保険は成り立たない。

中南米のハリケーン保険は、あくまでも相互補助である。一つの巨大
ハリケーンが中南米6カ国全部を縦断的に襲うことはなく、1カ国を通
過するだけなので、残りの国でお金を担保しておき、被害国にお金を出
し合うという意味の保険だ。ハリケーンは事前に防ぎ得ない残余リスク
なので、そこは保険でもいい。それを理解せずに、「防災投資しなくても、
保険でいいじゃないか」という方向になるのはとても怖い。

13.2　途上国での残余リスク

JICA の中では、残余リスクの定義を「現在ある≒残っているリスク。
防災投資が計画どおりに完成すれば消滅するが、その完成までの間残っ
ているリスクである」とした。同時に、防御施設の計画を上回る外力に

より発生するリスクが、常に残余リスクとして未来永劫にある。「整備計画を50年超過確率、基本方針を100年超過確率、200年超過確率としても、300年超過確率の洪水が起これば必ず被害が発生するので、必ずリスクはある」ということだ。

　東日本大震災の最大の教訓は、「計画を上回る超過外力が起こるにもかかわらず、あまりにも巨大な施設を整備したので、完成したら十分安心だと皆が思い、官側が超過外力の可能性を住民に対して言っていなかったこと」。これは3つぐらいある教訓の最大のひとつだ。そういう意味で、残余リスクを明示しない限り、同じ間違いを繰り返す。

　構造物対策で一定レベルまで防御する計画が無いハザード（現状のリスクが将来まで同じようにリスクであり続けるハザード）は、数多くある。

　途上国の例を紹介する。

　土砂災害・地すべり：殆ど構造物対策が実施できず、費用対効果も成り立たないので、リスクは今も将来もずっと同じ。

　Local Flush Flood（一部地域での小さな洪水）：メインの本川すらできていないので、ローカルのところはとてもできない。

　高潮：例えばフィリピンでは沿岸が延々とあるので、構造物は殆ど作れない。

　地震：個々の重要インフラについては対策していくにしろ、大半の住民に死者がでるような住宅などは手が打てない。個人個人の収入が一定のところまで上がっていかない限り、なかなかリスクは無くならない。

残余リスクに対してできること

　残余リスクに対して我々がやれることは、土地利用規制・土地利用計画で、少しでも危ないところから制限をかけていくしかない。これを唯一やったのはフィリピンである。スマトラ沖地震後のアチェではできて

いない。

　実際問題としては、被災後の Build Back Better を通じてしか、おそらく実践できないと思う。フィリピンのヨランダ災害復興支援、インドネシア・スラウェシ島の支援では、土地利用規制、土地利用計画をしているので、今後についても注視するべきである。

　津波避難タワーというのも一つのチョイスとしてある。

　アチェの復興の際、コンクリート建築（公団住宅のような4階建てぐらいの建物）を海沿いに2列ぐらい作っていけば、少なくともあれだけの人が死ぬようなことは無くなるのではないかと考え、提案もしたが、実現できていない。

　参考になるのは、東京都墨田区の東白髭団地。関東大震災で最大の被害は焼死者であり、次の地震が発生したら下町の木造の密集地帯でまた多くの焼死者が発生する。1980年代に東京都はこの木造密集地帯の火災対策として、「ブロック内は燃えたら全焼するが、隣のエリアには延焼しないように、コンクリート団地を消火帯としてこの地域を囲う」という政策を行った。そのコンクリート団地が東白髭団地である。防災団地と言われており、建物全体が巨大な防火壁で、団地の建物全体を全部連続させており、燃える側に放水銃までセットされている。ベランダの緊急ボタンを押すと、住戸そのものが燃えないように鉄のシャッターが下りて延焼を防ぐ。団地の棟と棟の間はシャッターで全て閉まる。再開発時のランドプーリング事業により、このエリアの2万人ぐらいを受入れ可能な公園を建設する等の対策もしている。これら防火設備は40年間で1回も使っていないが、それは関東大震災級の地震が来たときのみ使う予定のものだからである。

14. 仙台防災枠組　ターゲット（f）国際協力の強化について

7つのターゲットのうちのインプットターゲット「(f) Substantially enhance international cooperation to developing countries（国際協力の強化）」について、最後に述べる。

ターゲット (f) は、CBDR（Common but Differentiated Responsibility 気候変動の「共通だが差異ある責任」）の議論とリンクして、一方的な協力増加だけの議論にならないように、どう議論を導くかが重要である。過去の協力の成果が上がれば、当然、支援内容も変わっていく。つまり、いつまでも入口論ではない。

Relation between capacity and international cooperation needs－これは、その国々のステージによって変わる。通常は、Capacity Development Support for Strategy ということで地方防災計画を策定することが喫緊の課題になる。その後、financial support、防災の主流化にシフトしていく。従って、最初は国家や地方の DRR 戦略の支援が重点課題になる。

次に DRR 戦略に基づき予防防災投資が行われる。2030 年に投資が終わることはないだろうが、投資のピークは 2030 年の直前位にもっていき、徐々に減少していくようなシフトを目指す必要がある。その後は、華々しい治水対策などは行いつつも、各セクターにおける DRR の主流化を目指していくようシフトしていく。そうは言いつつも、自然災害はランダムに数年に一度の確率で発生する。仙台防災枠組以後は幸いなことに大きな災害が起こっていない。

実際には、地方 DRR を進めつつも、先行して決めた円借款等具体の減災プロジェクトを立ち上げていく中で、恐らく約 5 年ごとに支援の力点も変わっていくだろう。途上国が、仙台防災枠組がある限り未来永劫にわたって右肩上がりの支援があると思われると困るので、そうではないということ、我々の支援は一定の時間と共に質が変化していくのだと

いうことを納得・理解してもらわなければならない。

　我々の支援も時間とともに変わっていく。2030 年には、Pre 防災投資の部分が支援の大半を占めなければ、当初の仙台防災枠組の思想に合致しない。

　こうしたことを全て国際協力に求めるのは間違いである。どこかの時点から、自国の努力でやっていかない限り無理。日本も 2040 年頃に現在のような巨額な支援をするようなことはないだろう。

予防投資の成果と災害復興需要のトレードオフ

　予防防災投資をきちんと行っていくと、発災対応や復旧予算が小さくなっていき、将来的には総予算は小さくなる。フィリピンが 2011 年に閣議決定した国家防災計画によると、予算を 5 倍程度に増やしているが、恐らくどこかの段階で小さくなるはずだ。現在は特に、事前防災投資に巨額の投資がされている。次に大規模な災害が発生したら、復旧復興と応急対応に大きなお金をかけることになるだろう。

索　引

【著者略歴】

竹谷　公男（たけや　きみお）

1950 年生まれ、京都市出身。中学生の頃インドの大渇水の TV ニュースを見て水資源開発に
興味を持つも高校でサッカーに明け暮れる。全国高校サッカー選手権に京都府立洛北高校で
主将、CF として初出場・初優勝し 1968 年の U20 アジア大会に日本代表で出場するも全敗。
初志に戻り水資源工学を目指し半年浪人。1969 年の東大安田講堂陥落入試中止の激震下にか
らくも京都大学農学部に入学。あらゆる Establishment を安易に信用しない最後の全共闘世
代でもある。1973 年卒業後パシフィック・コンサルタンツに入社。国内の治水、防災関連業
務、建設省の海外展開戦略業務なども行う。その後途上国支援の ODA 業務にも従事。スマ
トラ沖津波をはじめ殆どの大災害の復興支援に従事。2007 年当時日本最大規模の ODA コン
サルタント会社だったパシフィック・コンサルタンツ・インターナショナル社の社長に就任。
2009 年〜2011 年アジア開発銀行水災害上席専門家としてマニラ ADB 本部勤務。2011 年から
独立行政法人国際協力機構 JICA の国際協力専門員、上席専門員として勤務。2015 年の仙台
防災枠組の日本政府交渉団員として日本の防災常識を世界標準とすることに貢献。現在は同
機構防災分野特別顧問。2012 年度国際交通安全学会論文賞受賞、2020 年度 JICA 理事長賞受
賞、2021 年度外務大臣表彰受賞。

著書、論文等

Practical Point of View from Donors: "What We Expect from Science & Technology Group": Application to Developing Countries, Proceedings of the 3rd Global Summit of Research Institutes for Disaster Risk Reduction (pp.83-89) 2021 年　共著

Reflections on flood control in Japan and recommendations for developing countries; International Journal of Water Resources Development Special Edition for Assit K, Biswas, Routledge 社，2020 年　共著

JICA's policies, experiences and lessons learned on impacts of urban floods in Asia, International Journal of Water Resources Development 35(2):1-21 2018 年　共著

Disaster Risk Reduction for Economic Growth and Livelihood -Investing in resilience and development-, Routledge UK, May 2015　共著

The Role of Macro-Economic Model for Disaster Risk Reduction Policy in Developing Countries, IDRiM Journal, Vol4 No1, 2014　共著

Reconstruction of the Aceh Region following the 2004 Indian Ocean tsunami disaster: A transportation perspective, IATSS RESEARCH, July 2012, Best Research Thesis Award of IATSS 2012　共著

装幀デザイン：松井健太郎＋桑原大輝（BLMU）

防災の国際潮流とその実務的知識体系
International Trend of Disaster Risk Reduction and
it's Backbone Knowledge
©TAKEYA Kimio 2023

2023 年 3 月 31 日　　初版第 1 刷発行

著　者　竹谷　公男
発行者　関内　隆
発行所　東北大学出版会
　　　　〒980-8577　仙台市青葉区片平 2-1-1
　　　　TEL：022-214-2777　FAX：022-214-2778
　　　　https://www.tups.jp　E-mail：info@tups.jp

印　　刷　東北大学生活協同組合
　　　　〒980-8577　仙台市青葉区片平 2-1-1
　　　　TEL：022-262-8022

ISBN978-4-86163-383-6　C3031
定価はカバーに表示してあります。
乱丁、落丁はおとりかえします。